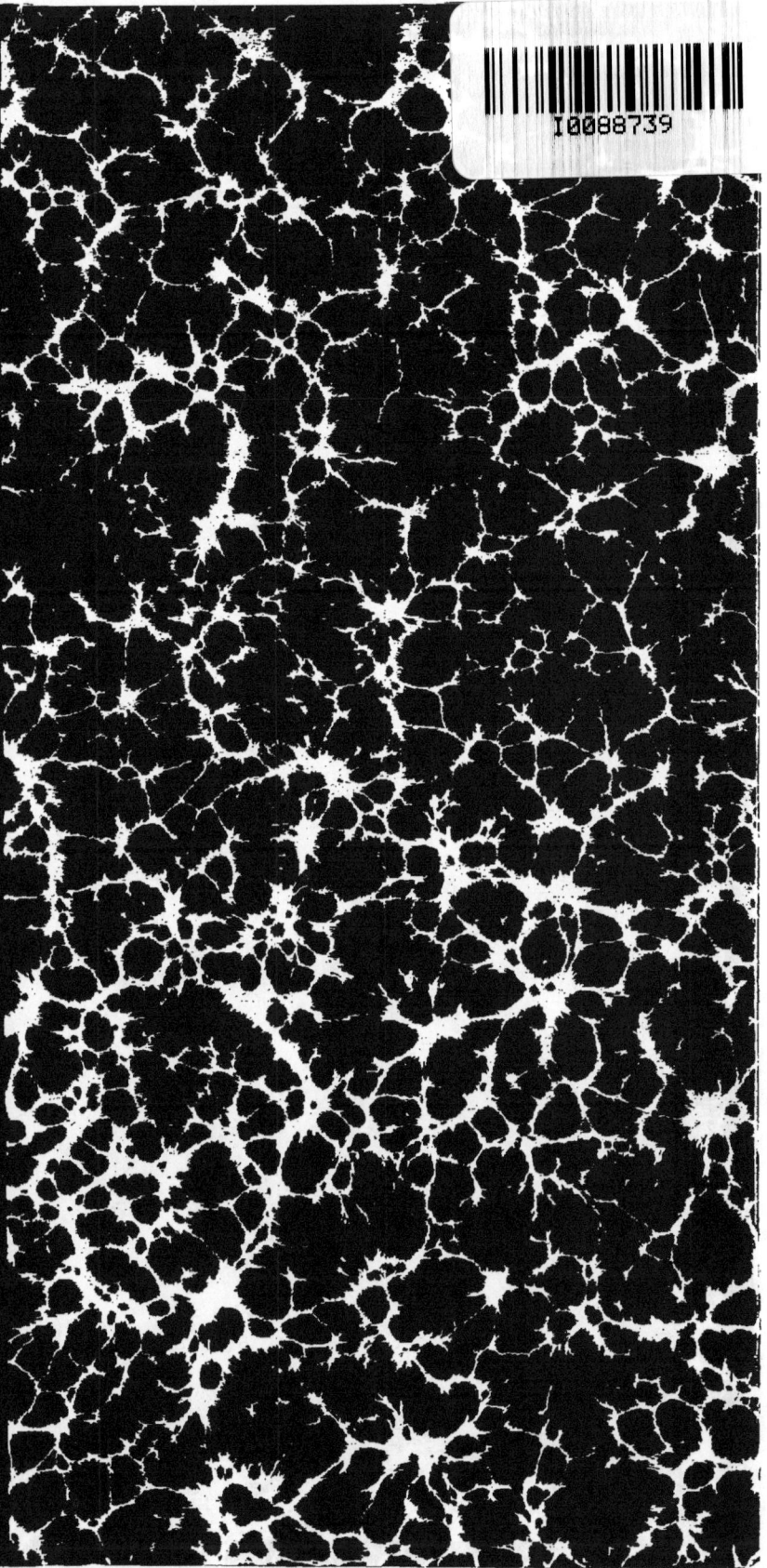

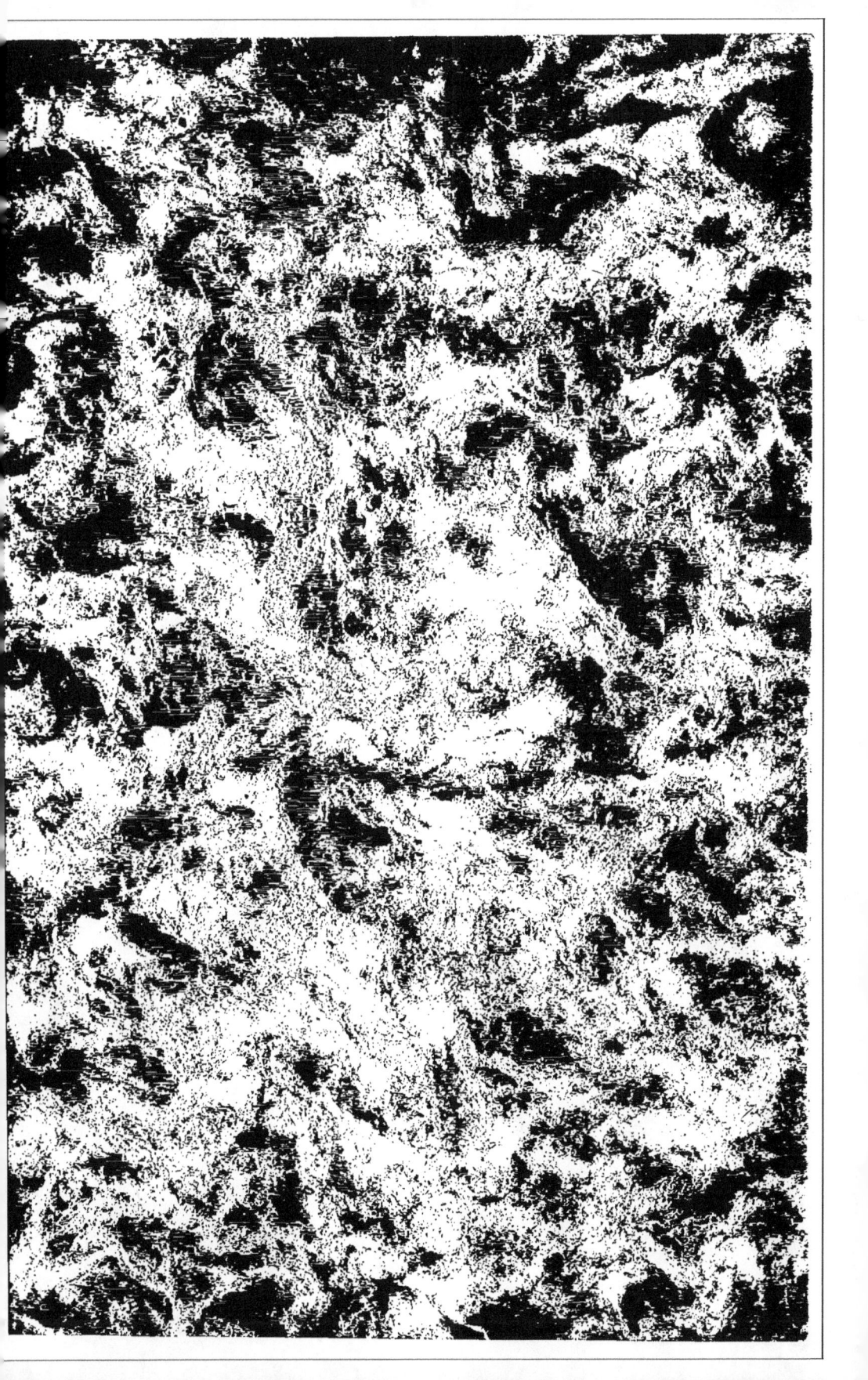

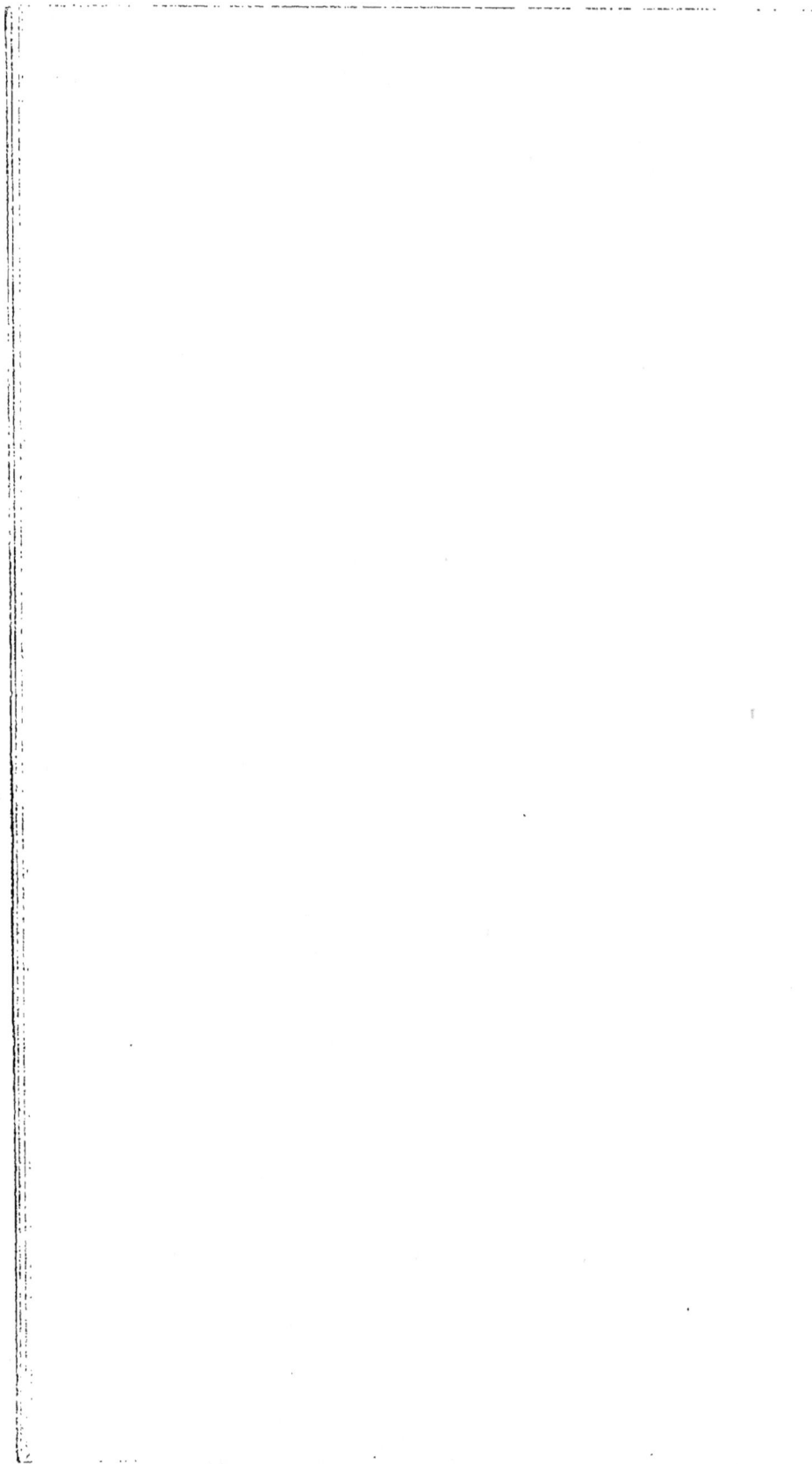

GUERRE DE 1870-1871

II

Notes journalières

concernant

L'Ambulance de Mulhouse à l'armée de l'Est

par

HENRI JUILLARD

Infirmier volontaire

Avec 2 portraits, 1 plan, hors texte, et 15 illustrations dans le texte

PARIS_LIBRAIRIE FISCHBACHER

MULHOUSE

ERNEST MEININGER, IMPRIMEUR-ÉDITEUR

1908

GUERRE DE 1870-1871

L'Ambulance de Mulhouse

L'auteur, en tenue de campagne

GUERRE DE 1870-1871

II

Notes journalières

concernant

L'Ambulance de Mulhouse à l'armée de l'Est

par

HENRI JUILLARD

Infirmier volontaire

Avec 2 portraits, 1 plan, hors texte, et 15 illustrations dans le texte

MULHOUSE

Imprimerie Ernest Meininger

1908

Le Docteur EHRMANN, en 1892

A

Monsieur le Docteur Ehrmann,

Médecin en chef

de l'ambulance de Mulhouse, à l'Armée de l'Est (1870-1871),

Souvenir respectueux et reconnaissant

d'un de ses infirmiers.

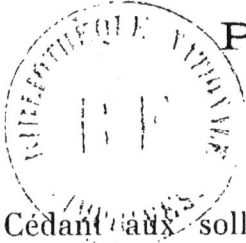

PRÉFACE

Cédant aux sollicitations de mes amis, je me
décide à publier les notes que j'avais prises, au jour
le jour, pendant notre campagne de l'Est.

Je les livre au public tout en lui faisant remarquer
que, prises absolument sur le vif, et transcrites sur
mon calepin, lorsque les loisirs de nos cantonnements me le permettaient, elles n'ont aucune pré-
tention au style. Je n'y change donc rien, de peur
d'en amoindrir les sentiments ardents et juvéniles
qui, à cette époque déjà lointaine, nous animaient
tous, sentiments assombris parfois par les décep-
tions, les misères et les désillusions de cette mal-
heureuse campagne. Je supprime, toutefois, dans ces
notes tout ce qui pourrait paraître trop personnel.
A trente-huit ans de distance, on juge les gens et
les choses tout autrement; la guerre et ses conséquences funestes aigrissent aisément les caractères
au point de modifier du tout au tout la mentalité de

l'individu ; et au risque de dénaturer et même de supprimer certains faits dont j'ai été témoin, je n'ai pas hésité à tailler une coupe sombre dans mes notes qui cependant, au point de vue historique et anecdotique, donnent une idée assez exacte des diverses péripéties de notre mission.

On se souvient que, dès les premiers jours de la déclaration de la guerre, le sentiment public à Mulhouse s'était vivement ému des inévitables misères qui allaient en être la conséquence, et surtout des souffrances réservées aux victimes des champs de bataille, et, le 25 juillet 1870, une société de secours aux blessés se constituait et obtenait promptement son affiliation à la Société française de secours aux blessés des armées de terre et de mer sous le titre de Comité auxiliaire de Mulhouse.

Ce titre lui conférait le droit d'arborer sur ses ambulances le drapeau international de la Convention de Genève, et de délivrer les insignes de la Société, c'est-à-dire le brassard international, aux agents qu'il pourrait diriger sur les champs de bataille.

Il faudrait consacrer un volume entier à l'énumération de tous les dons en argent et en nature, à tous les efforts collectifs ou isolés qui sont venus apporter à l'œuvre commune leur concours modeste et désintéressé, à tous les groupes d'infirmiers volontaires envoyés sur les champs de bataille de Wissem-

bourg, Frœschwiller, Sedan et de l'Est, aux missions
envoyées pour soulager nos prisonniers en Allemagne, etc., etc.

Dans les premiers jours de décembre, après la
reprise d'Orléans, la France, cherchant son salut
dans un héroïque effort, lançait une armée dans
l'Ouest, sous les ordres du général Chanzy, tandis
que la 2ᵉ armée était entraînée par le général Bourbaki dans une marche hardie vers l'Est pour dé-
bloquer Belfort. Le Comité de Mulhouse se mit
immédiatement en mesure d'organiser une ambulance abondamment pourvue, qui a eu le douloureux
privilège et l'honneur d'assister les inexprimables
souffrances de la guerre et de l'hiver conjurés;
M. le docteur J. Ehrmann, notre éminent concitoyen,
voulut bien accepter la tâche de la diriger, et les
délégués de la Société, qui y participèrent, étaient :
MM. Wolff, interne et aide d'anatomie à la Faculté
de Strasbourg, Salathé et Læderich, élèves en médecine, Geisen, Munsch, chirurgien-dentiste, Papin,
Mansbendel-Hartmann, Butzbach, Juillard, Spœrry
et Trapp.

M. le Dᵣ Ehrmann a fait de cette expédition de
trois mois, dont cinq semaines de marche continue
dans la neige, un remarquable rapport au Comité
de Mulhouse, donnant l'historique des différents
services et des considérations cliniques qui s'y rat-
tachent, ainsi que de l'emploi des fonds et du

matériel qu'on lui avait confiés[1]. Mais ce que, par excès de modestie, M. le Dr Ehrmann n'a pas fait ressortir dans son rapport, ce sont les divers incidents auxquels il a été mêlé, les souffrances qu'il a endurées et supportées dans la périlleuse mission qu'il avait acceptée.

Je suis donc d'autant plus heureux d'avoir précieusement gardé mes notes, qu'elles vont servir à combler une lacune. Je les dédie à mes compagnons de l'ambulance de Mulhouse et à nos amis du 4e Bataillon de Mulhouse; ils revivront avec moi, à trente-huit ans de distance, ces jours de misère compensés de temps en temps par quelques gais incidents et des journées d'espoir, hélas! sans lendemain.

Le lecteur constatera dans ces notes que, malgré des revers immérités, malgré la rigueur de l'hiver et les atroces souffrances qu'il engendrait, nos jeunes soldats de Mulhouse et du Haut-Rhin n'avaient rien perdu de leurs qualités essentiellement françaises, la franche et cordiale gaieté, la bravoure et le plus pur patriotisme; il y constatera aussi les derniers efforts surhumains, tentés par cette jeune armée improvisée de toutes pièces qui, sans le décourage-

---

[1] Le Comité auxiliaire de Mulhouse a publié, en mai 1871, un rapport complet de ses diverses opérations et des efforts tentés pour soulager, dans un admirable élan de généreuse fraternité, toutes les souffrances de nos malheureux soldats.

ment d'un chef sur la bravoure duquel on comptait, aurait fini par vaincre, et nous conserver à la patrie de notre choix.

Je dédie également et surtout mes notes à notre ancien chef, le docteur J. Ehrmann, à qui je les avais soumises il y a peu d'années, et qui me les retourna, accompagnées de la lettre suivante :

Paris, 9 Juin 1905.

Cher Monsieur et ami,

Cela a été pour moi une émotion réconfortante, de revivre à plus de trente années d'écart ces étapes douloureuses, qu'une collaboration commune avait déjà rendues douces à notre souvenir.

Vos pages si vraies, si éloquentes dans leur simplicité, laisseront à tous ceux qui les auront lues cette impression, qu'en les traçant, vous avez fait une œuvre utile, car le sentiment du devoir accompli est, en toutes circonstances, la source de satisfaction la plus haute, et cette vérité est de celles que l'on ne saurait trop glorifier.

Elles remplissent, en outre, un acte de justice, puisqu'à ceux qu'une tendance trop naturelle porte vers l'oubli, elles rappellent, sans phrases, les résultats acquis par l'effort collectif du petit groupe de volontaires, à qui le Comité mulhousien avait confié l'honneur de suivre et d'assister leurs frères du Haut-Rhin, dans la crise suprême que traversait notre bien-aimée patrie.

Le groupe, hélas, n'est plus complet aujourd'hui. Des camarades disparus, nous gardons pieusement le souvenir.

Bien à vous, cher Monsieur.

J. EHRMANN.

Mulhouse, Mai 1908.

H. JUILLARD-WEISS.

Papin

Maréchal Hartman

Wolff

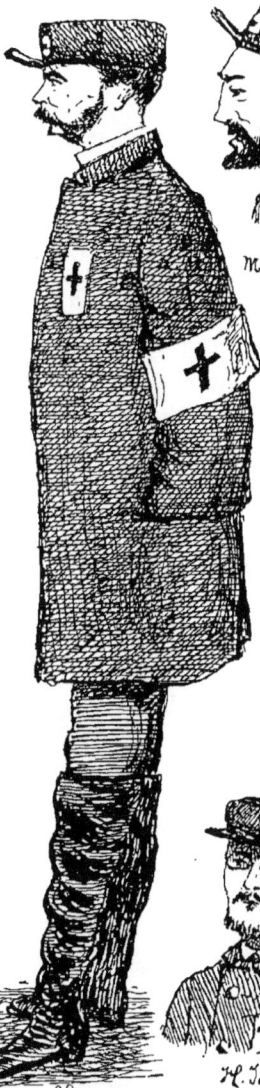

Albert Spoerry

Aug Salathé

G. Munsch

H. Juillard

J.J. Laederich

Docteur Ehrmann

Butzbach

Geisen

Ambulance de Mulhouse, 1870-1871.
Croquis pris en Campagne.

47

Mulhouse, 1ᵉʳ Décembre 1870. — L'*Industriel Alsacien* publie aujourd'hui une lettre d'un lieutenant des mobiles du 4ᵉ bataillon. Le bataillon de Mulhouse a reçu le baptême du feu à Beaune-la-Rolande, et s'est vaillamment comporté. On l'a cité à l'ordre du jour de l'armée, et les zouaves qui marchaient de front avec eux les ont acclamés ! Braves jeunes gens !

2 Décembre 1870. — Une deuxième lettre signée J. B., publiée dans l'*Industriel Alsacien*, confirme le combat de Beaune-la-Rolande qui aurait été très meurtrier pour le 4ᵉ bataillon : Gustave Engel blessé, Sandherr un bras emporté, Wogenscki a les deux jambes coupées par un obus ! Des bruits sinistres circulent en ville, des lettres particulières disent que, dans une deuxième affaire, le 4ᵉ bataillon a eu le quart de son effectif massacré. On reçoit une dépêche du capitaine Audran réclamant d'urgence une ambulance volante. Consternation générale !

3 Décembre 1870. — On est aujourd'hui sans nouvelles : la situation devient terrible pour les armées françaises ; Strasbourg s'est rendu ; Metz, affamé, trahi, a capitulé ; le flot de l'invasion inonde la Bourgogne, la Champagne, la Normandie, et les armées ennemies se rejoignant sous les remparts de Paris bloqué ; nous-mêmes sommes envahis et séparés, pour ainsi dire, du reste du monde, et tous les jeunes gens valides quittent nuitamment le pays pour courir à la défense nationale. A partir de ce moment, je suis hanté par l'idée fixe d'aller à la Loire, comme infirmier volontaire, et donner des soins et des consolations qui sont si douces à donner et à recevoir entre amis, surtout lorsqu'on est aussi loin de ceux qu'on aime.

4 Décembre 1870. — J'apprends à l'instant que le Dʳ Ehrmann, délégué par le Comité de la Société de secours aux blessés, de Mulhouse, va partir incessamment avec quelques jeunes gens, pour aller à la recherche du 4ᵉ bataillon. Je suis allé le trouver chez lui, et après quelques pourparlers avec MM. N. Kœchlin fils et Aug. Dollfus, je suis admis à faire partie de l'ambulance qu'on vient de créer et qui doit partir demain. Ma mère, toujours très malade, cède enfin à mes instances et me prépare elle-même tout ce qui peut m'être nécessaire pour la campagne peut-être très dure que je vais entreprendre.

5 Décembre 1870. — J'ai quitté ce matin ma mère qui pleure à chaudes larmes ; mon père m'a accompagné à la gare, où parents et amis s'étaient donné rendez-vous. Nous sommes en route pour Lyon, et je fais bien vite la connaissance de mes compagnons de route qui sont, outre le Dʳ Ehrmann que je connaissais de longue date, MM. Salathé (habite actuellement Paris), étudiant en médecine, à la faculté de Strasbourg ; Albert Spœrry, Butzbach (actuellement entrepreneur à Belfort) et Munsch, ce dernier chirur-

gien-dentiste et aide-opérateur de M. Schrott; J.-J. Læderich,
Trapp et Geisen sont déjà partis le 4 décembre, à 7 heures
du matin, emportant neuf colis d'effets de pansement et de
pharmacie.

A St-Louis, premier accroc! Un gendarme prussien nous
demande nos papiers; nous exhibons nos feuilles de route
de l'Internationale, Croix rouge de Genève; peine inutile;
il ne veut pas en tenir compte; nous parlementons, nous
discutons, et voyons le moment où nous serons forcés de
revenir sur nos pas. Finalement, le Dr Ehrmann lui montre
une ancienne feuille de route constellée de cachets et de
timbres allemands et français, et lui dit que nous ne faisons
que passer par l'Alsace pour retourner en Suisse. Enfin, le
gendarme nous laisse passer en grommelant.

Nous arrivons à Bâle et nous trouvons à la gare MM.
Auguste Kullmann, Amédée Schlumberger, Eugène Kœchlin, etc. M. Henri Spœrry a accompagné son fils Albert
jusqu'ici et nous faisons quelques courses ensemble. M.
Spœrry père est un aimable homme qui a été vraiment bon
et affectueux pour moi.

Nous prenons nos billets pour Fribourg où nous arrivons
à 7 ½ heures du soir. La neige tombe à gros flocons; il
y en a deux pieds d'épaisseur.

Nous finissons notre soirée à l'Hôtel de Fribourg avec
quelques indigènes qui jouent tranquillement leur partie de
Yas. Heureux Suisses !

6 Décembre 1870. — Nous partons ce matin, à
7 ½ heures, avec nos billets pour Lyon. La neige continue
à tomber; tous les trains sont en retard, et ce n'est qu'à

3 ¹/₂ heures que nous arrivons à Genève, où nous avons une heure d'arrêt. Nous comptions trouver à Bellegarde M. Weiss-Bornand, délégué du gouvernement français, qui nous aurait facilité les formalités de douane et de passeports. Nous avons heureusement pu nous en passer, mais, arrivés à Ambérieux, on nous informe que la neige est tombée en si grande abondance qu'il y a un retard de trois heures. Nous les employons à souper au buffet de la gare.

Nous partons enfin, la neige continue à tomber et, à minuit, nous arrivons à la gare de Lyon-Perrache.

Nous cherchons en vain M. Papin qui devait nous rejoindre; après avoir chargé nos effets, sacs et caisses d'ambulance sur deux fiacres, nous descendons au grand Hôtel de Lyon. Papin est toujours introuvable.

Lyon, 7 Décembre 1870. — Nous avons admirablement dormi, mais le grand Hôtel de Lyon n'est décidément pas à la portée de nos petites bourses. Nous allons nous installer à l'Hôtel des Négociants. Mon beau-frère, Alfred Ponnier, m'avait remis une lettre de recommandation pour Mᵐᵉ Duittoz, gérante de l'hôtel, et nous y avons été très bien accueillis.

Lyon, 8 Décembre 1870. — Aujourd'hui, à la table d'hôte du déjeuner, je serre la main à bon nombre d'amis, mobilisés de Mulhouse, en garnison à Caluire, dans les environs de Lyon, Ad. Buchy, les deux frères Spœrlin, Bourgogne, Henri Risler, Camille Schœn, Fritz Zuber, Jean Schlumberger; Mansbendel-Hartmann s'y trouve également avec Schwenk, nommé major de la Légion d'Alsace-Lorraine et qui se met avec empressement à notre disposition.

Lyon, 9 Décembre 1870. — Trois sacs de pansement qui avaient été envoyés à Lyon avant notre départ de Mulhouse sont égarés. De plus Læderich [1], Geisen et Ed. Trapp viennent d'arriver les mains vides également, leurs colis ayant été perdus en route. Ils ont été à Vierzon, Saincaize, Nevers, où ils ont été pris pour des espions [2].

Lyon, 10 Décembre 1870. — Aujourd'hui, après avoir fait quelques courses avec le Dr Ehrmann, en vue de

---

[1] M. Læderich est actuellement directeur du Diaconat à Mulhouse.

[2] J.-J. Læderich nous a fait, de cet incident, la relation suivante :

« A Nevers, nous descendons à l'Hôtel de l'Europe où, au déjeuner, « des officiers de la mobile de l'Yonne nous arrêtent sous l'inculpation « d'espionnage. Ils nous conduisent devant le capitaine de gendarmerie, « puis, devant le commissaire de police, puis encore devant le procureur « de la République. On exige que nous nous fassions reconnaître, et on « ne prend en aucune considération nos papiers qui, cependant, sont « parfaitement en règle, légalisés par l'Intendance de Lyon. « Tous les « espions, nous dit-on, ont des papiers ! » Enfin, on décide de nous « envoyer à Gien où nous comptions trouver le commandant Dollfus. « Par un heureux hasard, je rencontre un lieutenant, M. Ménessier, qui « connaissant bien Mulhouse, est interrogé et reconnaît la signature « de mon oncle, M. Wacker-Schœn.

« Le soir, flanqués d'une sentinelle, nous gelons depuis deux heures à « la gare, au milieu d'un tohu-bohu indescriptible, quand un jeune « homme nous rapporte nos papiers, avec notre liberté, et le conseil de « décamper au plus vite. Nous errons dans les rues de Nevers, et nous « finissons par trouver un gîte pour la nuit, dans un taudis infect, à raison « de 50 centimes payés d'avance. Le lendemain, nous allons de bonne « heure chez le commissaire qui refuse encore son visa. Par contre, le « secrétaire de la préfecture, qui connaît plusieurs personnalités de Mul- « house, vise et timbre nos feuilles, en nous exprimant tous ses regrets « de ce qui s'est passé. »

monter notre pharmacie et remplacer, en partie, les pansements égarés, nous allons tous nous commander nos uniformes et notre équipement.

Lyon, 11 Décembre 1870. — L'émeute est dans l'air et gronde sourdement. Les ouvriers de la Croix-Rousse descendent en ville, nous dit-on de tous côtés. Ce commencement d'émeute a été vite enrayé, grâce à la présence d'esprit de M. Andrieux, procureur général.

Villefranche, 12 Décembre 1870. — Je suis allé voir notre représentant, M. Victor Gonnard, et quelques amis. J'ai visité le couvent, où est caserné la Légion Alsacienne. Ils sont là 3000, ayant pour toute arme : 21 fusils à piston et autant de carabines suisses, Veterli, Martini, fusils de chasse! Au cercle, le soir, je serre la main à MM. Collonge, Colombat et autres amis, et écoute avec ennui la violente diatribe d'un énergumène contre les sœurs Ursulines qui rendent cependant beaucoup de services. Vraiment, cela n'est pas le moment d'aborder de pareilles questions. Je rentre à Lyon, passablement écœuré.

Lyon, 13 Décembre 1870. — Enfin, nous tenons l'insaisissable Papin ; c'est un jeune homme de 27 à 28 ans, neveu de Mme Pierrecy, de Mulhouse, ancien échappé de Sedan, où il était vétérinaire dans un régiment de cavalerie.

Nous continuons nos courses en ville. Quelle mascarade! Les rues sont sillonnées de garibaldiens aux longs manteaux rouges, flottant sur leurs épaules, et montés sur des chevaux àrabes superbes, des officiers de 18 à 20 ans, couverts de galons d'or et d'argent, des vengeurs de la mort, coiffés de bonnets d'astrakan, ornés d'une tête de mort en drap

blanc, d'autres avec des bonnets d'hermine, etc. On n'aper-
çoit partout que galons d'or et d'argent, aiguillettes et plu-
mets; on entend le cliquetis des sabres traînant sur les trottoirs. Des estafettes parcourent les rues, tout cela piaffe,
crie et s'agite. Les vendeurs de journaux hurlent les victoires
de Garibaldi, de Chanzy, de Faidherbe, les théâtres, les
alcazars sont remplis d'une foule en délire. Triste, triste !

Lyon, 14 Décembre 1870. — Aujourdhui, J.-J.
Læderich rencontre, devant l'Hôtel-Dieu, un de ses con-
disciples à l'Ecole de médecine à Strasbourg, M. Wolff[1],
qui, après avoir concouru à la défense de sa ville natale
pendant toute la durée du siège, est venu offrir ses services
à Lyon. Il a trouvé son ami absolument écœuré et énervé
par les démarches innombrables et les stations intermi-
nables qu'il a faites, sans succès d'ailleurs, dans les bureaux
militaires de la place. Cette inaction forcée lui pèse et il accepte
immédiatement la proposition, que lui fait Læderich, de se
joindre à notre ambulance, où il est reçu à bras ouverts.

Lyon, 15 Décembre 1870. — Les compagnies de
garde nationale continuent à parcourir les rues de la ville;
à tout moment, on bat le rappel. On ne parle que de con-
struction de batteries, de formation de légions. Des bureaux
de recrutement sont ouverts partout. J'en remarque un,
entre autres, portant une grande enseigne en calicot blanc
avec ces mots imprimés en grandes lettres : « La patrie est
en danger ». Les murs sont couverts d'affiches annonçant

---

[1] M. Wolff est actuellement professeur et directeur de l'Ecole de
médecine à Tours.

des concerts de fanfares et d'harmonies, des spectacles patriotiques pour l'équipement d'une légion en marche, pour des batteries à offrir au Gouvernement de la Défense nationale, pour des sociétés de secours aux blessés, etc.

Lyon, 16 Décembre 1870. — Le Dr Ehrmann est allé aujourd'hui avec Schwenk chez Challemel-Lacour, préfet de Lyon. Challemel-Lacour est absolument débordé; cependant, il accueille admirablement le Dr Ehrmann, lui promet de nous procurer des feuilles de route militaires pour nous, et nous met en rapport avec le général commandant le 20e corps, le général Clinchant. Schwenk nous a été d'un très grand secours dans toutes ces négociations. Il avait du reste, de par son titre, ses grandes et petites entrées dans tous les bureaux de la place.

Lyon, 17 Décembre 1870. — Nos uniformes sont prêts : vareuse bleu foncé avec boutons d'or, pantalons noirs, bottes, casquette bleu foncé à la visière carrée et croix rouge, croix rouge brodée sur la poitrine et brassard au bras droit. Le Dr Ehrmann porte au col et au képi trois étoiles d'or, Wolff, aide-major, deux étoiles, Salathé, Lœderich et Munsch, sous-aides-majors, une étoile, Geisen, intendant-fourrier, trois étoiles d'argent, Mansbendel-Hartmann, infirmier-major, deux étoiles d'argent. Je me suis acheté, en outre, une très bonne peau de bique. Je n'aurai pas froid.

Lyon, 18 décembre 1870. — Nous continuons nos achats de pharmacie. Rencontré Jules Franck, allant rejoindre la Légion.

Lyon, 19 Décembre 1870. — Nous achetons un grand fourgon, sur lequel nous faisons peindre en grandes lettres : « Ambulance de Mulhouse », et nous louons une paire de chevaux avec un cocher.

Lyon, 20 Décembre 1870. — J'ai déjeûné aujourd'hui chez l'ami Niogret. Nous étions tranquillement assis sur le comptoir de son magasin, lorsque tout à coup nous voyons passer une foule de gens, criant, gesticulant, des compagnies de soldats, bayonnettes au canon, les tambours battant la générale; tous les magasins se ferment. C'était l'émeute, sérieuse cette fois-ci, celle où le malheureux commandant Arnaud a été tué. Je suis rentré, navré, à l'hôtel.

Lyon, 20 Décembre 1870. - - Tout est prêt, nous pouvons enfin partir. Nous embarquons notre fourgon, nos chevaux et tout notre matériel à la gare de Perrache, et, en route pour la Loire! Ce n'est pas dommage. Cette inactivité me pèse !

Mais tout ce temps passé à Lyon a été absolument nécessaire pour monter une ambulance, telle que le Dr Ehrmann la conçoit.

Roanne, 21 Décembre 1870. — Nous avons voyagé toute la journée dans un train militaire. Le froid est terrible; nous ne voyons rien à travers les vitres couvertes d'une couche épaisse de glace. A chaque instant, le train s'arrête et nous sommes arrivés, à 9 heures du soir, à Roanne, où nous avons quatre heures d'arrêt. Nous soupons au buffet de la gare, où les dames de Roanne se relayent pour faire la cuisine aux soldats qui passent.

Nevers, 22 Décembre 1870. — Nous sommes repartis ce matin à 1 heure, le train s'arrête toujours à chaque instant, quelquefois pendant une demi-heure, une heure. Nous sommes littéralement gelés.

A 6 $^1/_2$ heures, le jour commence à poindre ; à 7 heures, nouvelle station, nous descendons du train, arrêté sur un immense talus au bas duquel nous distinguons un petit hameau déjà envahi par les soldats. Je descends, ayant de la neige jusqu'aux genoux, et je parviens à trouver un reste de café noir dans le fond d'une écuelle sordide. C'était bien sale, mais avec quelle volupté j'ai bu ce petit reste de café chaud. En remontant le talus, je vois que nous sommes précédés d'une file de quatre à cinq trains militaires, arrêtés comme nous. Nous ne sommes pas loin de Saincaize. Le train repart doucement. Nous voyons de côté et d'autre de la voie des campements de mobiles, de pauvres moblots allant au bois, d'autres faisant la soupe. Nous approchons de Saincaize, le nombre des campements augmente, c'est la 1re armée.

A la gare, j'aperçois des figures bien connues : Jules Scheurer, puis Albert Scheurer, Ch. Hofer, etc. ; en voyant passer notre fourgon, monté sur un wagon, plusieurs mobiles et francs-tireurs du Haut-Rhin nous acclament.

Nous restons très peu de temps à Saincaize. On repart, et à 10 $^1/_2$ heures nous arrivons au grand pont de la Loire, près de Nevers. Trois trains sont encore sur le pont et trois autres à la gare même [1].

---

[1] Tous les transports se firent avec une extrême lenteur, et les chemins de fer furent continuellement encombrés, deux inconvénients, au surplus, qui s'engendrent l'un l'autre. Telle fut la première et sans doute la vraie

Nous descendons, et en nous faufilant, nous arrivons à la gare. Le buffet est rempli d'officiers de toutes armes, entourant le général Clinchant ; taille moyenne, figure martiale, cheveux blonds poivre et sel, moustache en brosse, très nerveux et aux gestes saccadés, tel me parut l'homme qui devait présider à nos destinées.

On nous dit que la 2e division du 20e corps doit passer ici incessamment.

Nous voyons, en effet, arriver Alfred Engel, Albert Kœchlin, Sandherr, Henri Bourry, en képi de garde nationale, puis Mme Valentin Meyer, Mme Oscar Scheurer, Mme Audran, Mme et Mlle Bohn. Il nous donnent des nouvelles du bataillon qui est à Saincaize. Le combat de Beaune-la-Rolande n'a pas été aussi meurtrier qu'on le disait, les deux bataillons du Haut-Rhin ont perdu environ 300 hommes, tant officiers que soldats tués, blessés et disparus. Le docteur Lothammer affirme avoir pansé, à lui seul, plus de 50 blessés appartenant au régiment. Sandherr et Wogenscky sont indemnes. Quel soulagement ! Cependant, Gustave Engel a une balle dans la cuisse. La nuit est arrivée, nous nous promenons sur le quai. Tout à coup, nous voyons passer, comme un éclair, deux locomotives accouplées, lançant des gerbes d'étincelles, un choc épouvantable se fait entendre, puis des cris de détresse, enfin un immense tohu-bohu. On court, nous nous munissons de brancards, et nous voilà à la recherche de nos premiers

cause de l'insuccès d'une expédition qui, au dire de tous les hommes spéciaux, était destinée à de grands résultats.

(Ch. de Freycinet, *La guerre en province.*)

blessés. A cinq minutes de la gare, les deux locomotives avaient rencontré dans leur course vertigineuse un train bondé de soldats et de chevaux ; mais, heureusement tout s'est borné à trois chevaux hachés et quatre militaires blessés, dont un grièvement. Nous pansons ces derniers et on les envoie à l'hôpital de la ville.

Remis de nos émotions, nous disposons nos sacs et nos couvertures sur le plancher du buffet et nous tâchons de dormir. Chacun de nous veille à tour de rôle pour ne pas manquer le passage du 4e bataillon.

Nevers, 23 Décembre 1870. — Nous continuons à attendre le 4e bataillon. Je vais me promener à Nevers avec Spœrry, et nous faisons quelques provisions. Le palais ducal de Nevers avec sa grande terrasse sur la Loire est très imposant ; la place est, en ce moment, encombrée de caissons d'artillerie, de voitures et de fourgons. La promenade est remplie de troupes, cavalerie, artillerie; un bataillon d'infanterie de marine fait l'exercice. On nous dit que le 20e corps se dirige vers l'Est, et à 3 heures après-midi, nous repartons avec l'espoir de retrouver le bataillon à Chalon-sur-Saône.

Chalon-sur-Saône, 24 Décembre 1870. — Le train marche toujours très lentement. Il s'est arrêté cette nuit en plein bois pendant deux heures. Absolument gelés, nous stationnons à Chagny pendant une demi-heure, et après avoir traversé un pays complètement dévasté, nous sommes arrivés ce matin, à 9 1/2 heures, à Chalon-sur-Saône. Notre fourrier Geisen, Trapp, Spœrry, Butzbach et moi, nous entrons en ville et réquisitionnons de la paille et du foin pour nos chevaux. Chacun revient à la gare avec sa botte de paille ou de foin sur le dos. On décharge le fourgon et nous allons à la recherche de logements.

Pendant ce temps, le Dr Ehrmann se met en rapport avec les autorités civiles et militaires; il reçoit des dépêches de l'armée, et une notamment du général Clinchant qui, selon nos désirs, nous incorpore à la 2e division du 20e corps et nous ordonne de rejoindre le corps au premier signal. Notre ambulance, dès ce jour, est attachée définitivement à la 2e brigade (général Vivenot), 2e division (général Thornton), 20e corps (général Clinchant), 1re armée (général Bourbaki).

Le docteur, Geisen, Butzbach, Læderich et Trapp sont logés à l'Hôtel Brand; Spœrry, Salathé, Wolff et moi sommes à l'Hôtel de l'Europe.

Chalon-sur-Saône, 25 Décembre 1870. — A
partir de ce jour, nous sommes logés chez l'habitant. Le docteur, Wolff, Geisen et Trapp restent à l'Hôtel Brand. Munsch loge chez un instituteur, Spœrry chez un charcutier, Papin et moi chez Mme Vve Berthoud, rue des Lanchares, N° 2. Brave et digne femme, qui nous a donné deux chambres, dont celle de son fils, qui est mobile.

Chalon est une fort jolie ville. La Saône y est très large; elle charrie, en ce moment, d'énormes glaçons. Les habitants sont gentils, affables, malgré les énormes charges qui les accablent. La 3e division du 20e corps y campe; elle nous donne une fâcheuse idée de la 1re armée. Les chevaux d'artillerie et du train sont maigres, efflanqués, mal nourris. Les servants les rouent de coups. Il en est mort cinq à l'Hôtel Brand aujourd'hui et les chefs font à peine quelques observations. Le froid est intense cette nuit, bon nombre de chevaux ont été trouvés morts de froid. A la gare, on reçoit une dépêche de Mulhouse qui nous donne de bonnes nouvelles de nos familles respectives.

Chalon, 26 Décembre 1870. — Aujourd'hui, nous voyons passer deux batteries admirablement montées ; elles ont été offertes par la ville de Lyon.

Les rues de Chalon sont encombrées de soldats de toutes armes qui campent : des convoyeurs, des voitures de réquisitions, caissons, batteries, etc.

Nous nous réunissons au café du Perron, où nous faisons connaissance de l'ambulance de Lyon, qui fait partie du 18ᵉ corps. Cette ambulance est nombreuse et fait contraste avec la nôtre ; les infirmiers se tiennent avec respect à l'écart de leurs chefs, auxquels ils ne causent que pour affaires de service, tandis que dans la nôtre une franche et cordiale amitié nous unit entre nous, et nous délibérons ensemble sur les plus graves questions.

Cependant, lorsqu'il s'agit de service, nous obéissons au doigt et à l'œil, mettant de côté toute question d'amour-propre ou toute susceptibilité. Il est évident, du reste, que, devant passer des semaines et peut-être des mois ensemble, ce n'est pas le moment de s'insurger devant telle ou telle corvée. Le docteur y tient la main aussi ; homme d'esprit et de tact, il conduit la barque avec une rare intelligence. Très tenace dans ses idées, il obtient ce qu'il veut, tant pour les questions intérieures que pour celles d'intendance, de réquisitions, etc.

Chalon, 27 Décembre 1870. — Pour suivre notre division étape par étape, et être à même de composer, à un moment donné, une ambulance volante, notre matériel roulant n'est pas suffisant. Il nous faut une deuxième voiture. Nous venons donc d'acheter l'omnibus de l'Hôtel de la Poste, ainsi qu'une paire de chevaux, à 800 fr. Ce n'est pas cher. Les chevaux sont très bons, au dire de Papin. Ensuite, pressentant notre départ prochain, nous faisons des provisions de conserves et de viande salée; nous achetons également une demi-barrique de vin.

Chalon, 28 Décembre 1870. — Aujourd'hui, Spœrry et moi, nous allons nous promener dans les environs de Chalon; nous visitons l'église de Saint-Marcel, où se trouve le tombeau d'Abeilard, simple pierre tombale fixée au mur de cette église, dont l'architecture n'a rien de très particulier. Les environs de Chalon sont jolis, mais les routes sont déparées par des travaux de fortifications élevées à la hâte, abîmées et minées, ainsi que les ponts. En rentrant, nous rencontrons le baron Jaquinot, ancien sous-préfet de Mulhouse, qui nous apprend que le 4e bataillon, où se trouve son fils, va passer ici aujourd'hui même. Nous allons à la gare et nous attendons. Las d'attendre, et très fatigué d'un commencement de bronchite, je vais me coucher, laissant le reste de l'escouade au buffet.

Chalon, 29 Décembre 1870. — Je suis retourné ce matin à la gare. Le 4e bataillon a passé à minuit, et est reparti aussitôt après. Je vois arriver Mme Engel-Dollfus avec son fils Gustave, blessé à la jambe et aidé du docteur Marchal, le commandant Dollfus-Galline et le fils Jaquinot.

Le commandant Dollfus serre la main au Dr Ehrmann, et nous exprime toute sa satisfaction ; dans une allocution pleine d'humour, il nous dépeint la joie qu'éprouveront nos braves moblots à se voir soutenus, réconfortés et soignés par des compatriotes et des amis, et il nous remercie chaleureusement d'être venus.

En route pour Dôle

Navilly, 30 Décembre 1870. — Nous sommes arrivés à Navilly ce soir, à 7 heures, après être partis de Chalon à midi, et avoir pataugé dans la neige pendant 32 kilomètres. Nous sommes éreintés, fourbus. Le docteur est resté un jour encore à Chalon et nous rejoindra à Dôle. Papin est retourné à Lyon, où il a été appelé pour faire l'achat de chevaux destinés à la future cavalerie de la Légion alsacienne. Nous avons été très mal reçus à Navilly et remballés très grossièrement à l'auberge où nous demandions à loger nos chevaux et nos fourgons. A travers les vitres nous apercevions l'ambulance divisionnaire de la 2e division qui était très confortablement installée; elle aussi nous reçoit comme des chiens dans un jeu de quilles. Nous avions faim et froid. Geisen a obtenu des billets de cantonnement. Mais les chevaux n'étaient pas logés. Nous avisons une magnifique propriété, château luxueux avec un parc entouré de murs ; nous y entrons et demandons au propriétaire à bien vouloir accueillir nos chevaux dans ses écuries et mettre les fourgons dans les allées de son parc. Après deux ou trois refus, il y consent enfin, mais à la condition que nous fassions à la mairie les démarches nécessaires pour l'exonérer de militaires pendant au moins huit jours ! Voilà comment on accueillait des Français, dans notre propre pays !

Nous sommes rentrés à l'auberge pour nous mettre un morceau sous la dent. Le docteur Dezon, chef de l'ambulance divisionnaire, et ses majors y étaient attablés et y faisaient très bonne chère. Parmi eux se trouve le fils Kohl, de Thann, major. Cette ambulance est très confortablement montée : deux omnibus, trois fourgons et quatre chevaux de selle. Mais, sous le rapport de la pharmacie, linges, pansements et instruments, c'est déplorable.

Spœrry et moi sommes logés chez la « bonne femme », comme on l'appelle dans le village, brave vieille qui nous a parfaitement reçus et nous a donné son unique lit.

Dôle, 31 Décembre 1870. — Nous sommes debout ce matin, à 5 heures, et après avoir dégusté un excellent café au lait chez notre pauvre vieille, nous sommes partis, à 6 heures, pour Dôle. Il neige à gros flocons. Nous rencontrons sur la route les traînards de la colonne, pauvres moblots, éreintés, assis ou couchés sur les tas de pierres

recouverts de neige. Les officiers les font se relever dure-
ment. Pauvres, pauvres jeunes gens !

Nous avons rejoint la division et l'ambulance divisionnaire, et, à 2 heures, nous apercevons Dôle, enfoui dans la
neige. Nous n'en étions qu'à 5 minutes de distance, et ce
n'est que deux heures après que nous parvenons à entrer
en ville, tant était grand l'encombrement des caissons,
fourgons, des batteries d'artillerie, mitrailleuses, etc... Il
faut attendre que le défilé cesse, et ce n'est qu'à 4 heures
que nous arrivons sur la place d'Armes, où quelques amis
du bataillon, Albert Kœchlin, Ed. Kœchlin, Blind nous
attendent. Nous mettons nos fourgons à l'Hôtel de Lyon et
nous logeons à l'Hôtel du Jura. Nous sommes aujourd'hui à
la St-Sylvestre et nous dégustons ensemble le punch tradi-
tionnel en pensant à Mulhouse et à tous ceux que nous y
avons laissés.

Dôle, 1ᵉʳ Janvier 1871. — Nous avons nos billets
de logement, Spœrry et moi sommes logés chez M. Thomas-
Defuans, épicier. Son fils, M. Aristide Thomas, neveu de
M. Davin et ancien chanteur de la « Concordia », de Mulhouse, est absent. Son violon, par contre, est là et je m'en
suis délecté.

Le Dʳ Ehrmann arrive de Chalon, presque en même
temps que Mansbendel-Hartmann, qui vient de Lyon avec
un convoi de chaussures. Nous allons voir le 4ᵉ bataillon,
installé à caserne, et nous distribuons toutes les commissions
dont on nous a chargés, des vêtements chauds, sauf le
contenu d'un sac qui nous a été volé par les zouaves à
Chalon. Nous prenons nos repas à l'Hôtel du Jura. Ce soir,

je suis invité à souper avec Spœrry par les officiers du 4ᵉ bataillon à l'Hôtel de Lyon ; étaient là : Alfred Engel, Robert Gros, Sandherr, Jaquinot, Daniel Kœchlin, Thierry, Ziegler, Penot, Ed. Kœchlin et le major Lothammer.

On reçoit, au milieu du souper, l'ordre de se préparer dans la nuit pour partir à 5 heures du matin.

Rentrés à l'hôtel, nous trouvons également l'ordre de nous tenir prêts à partir à 7 heures.

Jallerange, 2 Janvier 1871. — Nous sommes prêts à partir et n'attendons plus que les instructions du général : pendant que nous sommes devant l'hôtel, arrive une patrouille de cinq gardes-nationaux et un capitaine, venant procéder à l'arrestation d'un soi-disant espion ; le pauvre diable, qui avait l'accent fortement alsacien, est conduit immédiatement auprès du commandant de place.

Ma bronchite augmente et comme je ressens une forte douleur dans le dos, le Dʳ Ehrmann m'ausculte et m'engage à faire le voyage dans l'omnibus. Le capitaine Audran qui a la goutte, nous demande l'hospitalité également dans l'omnibus ; à midi, nous partons à la suite de la 1ʳᵉ division ; nous avons à rattraper la 2ᵉ division. La neige recommence à tomber ; mes douleurs disparaissent peu à peu et je rejoins les autres sur la route.

Nous arrivons à Rochefort, sorte de carrefour ; nous bifurquons et nous prenons à gauche, dans la direction de Gray, en quittant la route de Besançon. Nous rejoignons l'ambulance divisionnaire de la 2ᵉ division. Le docteur Ehrmann chemine avec le docteur Dezon, tandis que nous sommes avec les aides-majors et comptables militaires.

Nous voyons dans la plaine, remplie de neige, un point noir que nous reconnaissons à l'aide de nos lorgnettes pour être un homme couché. Malgré les vives réclamations du Dr Dezon qui nous disait qu'il ne fallait jamais ramasser les soulards, nous allons chercher le pauvre diable, déjà raide comme une planche et nous le couchons dans l'omnibus. Il se réchauffe dans la paille et reprend petit à petit ses sens; c'était un jeune moblot de 21 à 22 ans ; nous l'avons déposé chez le maire du village voisin ; que de pauvres diables doivent mourir ainsi, abandonnés de tous ! Ces médecins militaires ont bien peu de cœur, surtout vis-à-vis de jeunes soldats transportés brusquement de leurs chauds foyers, dans de vrais pays de loups.

Nous avons traversé Amange et nous nous arrêtons en pleine forêt pendant une demi-heure. Nous traversons ensuite Wriange, Serre, Saligney, Ougney, Vitreux, Pagney et arrivons enfin, à 8 $\frac{1}{2}$ heures à Jallerange. Le village est comme en feu. Les zouaves, les mobiles campent devant les maisons autour de grands feux. L'effet est grandiose et les silhouettes des hommes au milieu des flammes sont réellement fantastiques. Geisen nous distribue nos billets de logement et nous laissons Trapp à la garde des fourgons, avec un bon feu et un lit de camp. Ne pouvant rien obtenir au village, nous allons avec le docteur chez une vieille veuve que nous décidons à nous faire un peu de cuisine. Cette pauvre vieille avait un fils à l'armée et nous disait, en pleurant, qu'elle ne le reverrait plus, qu'elle n'avait plus longtemps à vivre. Au moment où elle dépose une soupière fumante, sur la table, entre un jeune moblot, grand, bien découplé: « Bonsoir mère ! » La bonne vieille pousse un cri et tombe évanouie; le docteur la relève et lui prodigue ses soins. Nous avions tous les larmes aux yeux. Avec quel bonheur, cette brave mère s'est endormie à côté de son fils. Spœrry et moi allons à notre cantonnement; c'est chez un brave ouvrier, à la figure franche, ouverte, qui nous a reçus à bras ouverts; il nous a forcés de boire avec lui une bouteille de vin gris du pays, nous avons causé guerre, politique, et avons remarqué chez cet homme une grande intelligence, ainsi qu'une instruction peu commune. Nous passons la nuit dans la même chambre que lui et sa femme.

Boult, 3 Janvier 1871. — Nous sommes sur pieds à 6 heures. Toute la troupe est prête, sac au dos, attendant le signal du départ.

D'après ce qu'a appris le docteur, l'ennemi ne doit plus être bien loin et nous devons nous attendre à fonctionner d'un moment à l'autre. Nous garnissons nos musettes d'objets de pansement et, à 6 1/2 heures, nous partons à la suite de l'ambulance militaire. La colonne marche lentement et avec circonspection. On sent qu'on est à la veille d'une action; cependant nous voyons toujours une masse de traînards affalés sur les bords de la route, éreintés, engourdis et que les officiers réveillent à coups de pieds. Il faut avouer aussi que ces pauvres diables sont excessivement chargés; portant avec eux leur sac, leurs chaussures, linge, vivres, batterie de cuisine, couverture et tente, c'est un poids effrayant dont ils sont accablés. L'un d'eux me disait qu'en y ajoutant le fusil et les cartouches, on arrive à un poids de plus de soixante livres ! Il est impossible que

3

de pareilles troupes fassent de fortes étapes. Les armées, pour vaincre, doivent marcher très vite ; or, les Allemands sont beaucoup moins chargés, et on risque fort d'être gagnés de vitesse par eux. On entend à chaque instant le mot « Serrez ».

A 9 1/2 heures, près de Marnay, grande halte. Nous cherchons du bois et faisons notre feu ; mais le bois est trop vert et ne brûle pas. Je vais en avant voir le bataillon. Robert Gros m'offre une tasse de café, que je bois avec délices, tout en l'invitant à venir dîner chez nous, sans façons, au prochain relai. Plus loin, Poupardin m'offre un morceau de porc salé. Je reviens à notre feu dont la flamme commence à briller, nous mettons notre casserole en batterie, mais aussitôt retentit le commandement : En avant ! Nous en sommes quittes pour renverser la marmite.

Nous traversons Marnay, jolie petite ville sur l'Ognon ; son vieux château est très bien conservé ; malheureusement nous n'avons pas le temps de faire des études d'archéologie, nous continuons à marcher, lentement, il est vrai, et on prend la route de Rioz.

A 4 1/2 heures, nous arrivons à Boulot ; la 2e division y a déjà pris ses cantonnements, ainsi que l'ambulance militaire. Plus de place pour nous et nous ne savons que faire, quand arrive le général Thornton ; il nous tire d'embarras, et, après nous avoir assuré que dorénavant son officier d'ordonnance aura à s'occuper de nos cantonnements, il nous conseille d'aller, pour cette fois, plus loin, à Boult, où il n'y a qu'une centaine de cavaliers. Il nous avertit toutefois que nous serons là aux avant-postes, les Prussiens n'étant qu'à quatre kilomètres, mais que nous n'avons rien à craindre et que, dans tous les cas, nous serons mieux logés qu'à Boulot.

En entrant à Boult, nous voyons trois lanciers ivres comme des Polonais, titubant et s'embarrassant dans leurs sabres; deux autres, ivres-morts, sont couchés dans une grange. Et nous sommes aux avant-postes !

Nous réquisitionnons une voiture et un cheval, dont le docteur paye la valeur au paysan; cela fait très bon effet et on est aux petits soins pour nous. Le comte du Perthuis, qui possède un grand domaine à Boult, loge nos fourgons, nos chevaux, et nous nous établissons chez son régisseur. C'est la première fois depuis longtemps que nous mangeons à table sur une nappe propre et avec des serviettes. Je n'ai dormi que d'un œil, m'attendant toujours à ce que l'ennemi fasse irruption dans le village et ne se saisisse des lanciers ivres.

Hiet, 4 Janvier 1871. — Nous sommes debout, à 5 $^1/_2$ heures du matin, et, après avoir pris congé de notre hôte, nous nous retrouvons tous au rendez-vous assigné sur la place, à 7 heures, attendant le passage de notre division.

Le docteur Ehrmann avait été très malade d'une forte cholérine et nous sommes très embarrassés. L'avant-garde apparaît, puis les cuirassiers tenant leurs chevaux à la main, ensuite les zouaves, l'artillerie, les mobiles, des zouaves encore, de l'infanterie, de l'artillerie encore, des mitrailleuses, enfin les 1er et 4e bataillons du Haut-Rhin, des zouaves et l'arrière-garde; c'était la première fois que je voyais défiler la 2e division en colonne. Le général Thornton nous demande, en passant, très affectueusement de nos nouvelles. Arrive ensuite l'ambulance militaire, les voitures de bagages et l'intendance. Nous prenons notre parti et nous nous plaçons à la suite, laissant l'omnibus au docteur qui, une heure après, nous rejoint au milieu du bois, les traits tirés, fatigués. Il nous faisait pitié, mais il s'est remis peu à peu de cette secousse.

A chaque village que nous traversons on nous dit que les Prussiens viennent de le quitter, c'est une vraie chasse qu'on leur fait; mais nous ne voyons aucune trace de leur passage, parce que d'abord ils se logeaient chez l'habitant, tandis que nos pauvres soldats campaient dehors. On ne pouvait, du reste, faire autrement. L'ennemi était peu nombreux, tandis qu'une armée de 7 à 8000 hommes s'abattant sur un pauvre village de 5 à 600 habitants n'aurait pu trouver à se loger.

Nous marchons toujours lentement et arrivons à 10 heures à l'entrée de Rioz. Nous faisons grapper nos chevaux et montons la grande rue du village. Nous établissons notre quartier général sous un hangar en face de l'unique hôtel de Rioz, alors rempli d'officiers de toutes armes. Nous sortons notre batterie de cuisine et nous mettons à faire notre popote. Geisen s'est surpassé, sa soupe à la farine est excellente.

Tout à coup, nous entendons un coup de canon, puis un second, enfin un roulement continu, mais c'était à au moins huit kilomètres. Nous faisons immédiatement atteler nos chevaux, et nous partons dans la direction de Vesoul, sur la grande route nationale. Il est 5 heures. Nous voyons des estafettes aller et venir. Nous entendons le canon de plus en plus distinctement.

La nuit est très noire et à 8 heures nous nous trouvons enveloppés de feux de bivouac, nous sommes à Hiet. Un de nos chevaux frôle en passant un moblot qui pousse un formidable « Gottverdammi ». Ah, pour le coup, nous sommes sauvés, nous voici en plein Sundgau ! Nous explorons tous ces feux autour desquels nous reconnaissons, en effet, les mobiles du Haut-Rhin, et dans une grande ferme abandonnée nous retrouvons tous les officiers du 4e bataillon. Nous nous installons dans une grande chambre, faisons du feu, cherchons du bois, de la paille, etc.

Le canon s'est tu et nous nous endormons sur notre paille, veillant à tour de rôle pour entretenir le feu.

Authoison, 5 Janvier 1871. — Ce matin, à Hiet, le 4e bataillon est parti de la ferme, à 7 heures. Le canon se fait entendre de nouveau et nous attendons les ordres du général. On vient d'éventrer deux vaches et un porc. Mansbendel nous fait des beefsteaks superbes. En me promenant, je vois passer le général Clinchant à pied, une cravache à la main, visitant lui-même les maisons et en chassant tous les soldats qui s'y trouvent pour leur faire rejoindre leurs compagnies.

D'après ce que nous apprenons, les Prussiens sont retranchés sur le plateau de Vesoul et on veut les en faire démarrer ; l'engagement est assez vif. Nous allons à quelques-uns voir ce qui se passe ; après un kilomètre de marche, près de Penessières, nous voyons sur les hauteurs des troupes en ligne de bataille, au milieu de la neige. On nous montre le bataillon de Mulhouse, à droite sur la lisière d'un bois ; la route est remplie d'artillerie prête à partir et à gauche se trouve le parc de réserve. C'est le 18ᵉ corps qui est engagé du côté de Vesoul, et le 20ᵉ corps est destiné à le secourir en cas de besoin.

Nous avançons toujours, et tout au loin, nous apercevons les lignes ennemies. Nous rentrons à Hiet. A 3 ¹/₂ heures nous recevons l'ordre de partir pour Authoison.

Nous reprenons la route que nous avions suivie le matin, en nous promenant, et nous entendons distinctement les feux de peloton et encore quelques coups de canon. Les Prussiens ont, paraît-il, évacué Vesoul, et brûlé le château de Filain, appartenant au général Marulaz.

Nous rencontrons un convoi de quatre ou cinq voitures remplies de cartouches, conduites et escortées par six hommes seulement et un lieutenant. Ils viennent de Besançon. Le lieutenant s'élance vers nous et nous avoue qu'il est très embarrassé de savoir quelle route prendre. Il est sans carte ! Nous lui montrons immédiatement la nôtre et le mettons dans le bon chemin [1].

---

[1] Les cartes de l'état-major français n'avaient pas été rectifiées depuis 1852 !

Au ministère de la guerre, il n'y avait même pas un budget de dépenses prévu pour ce chapitre. Quelle différence avec les officiers prussiens, ayant sans cesse à la main des cartes au $\frac{1}{200.000}$ ou au $\frac{1}{230.000}$ de notre pays, les consultant entre eux souvent, lorsqu'ils se rencontraient, même sur la voie publique. Il a fallu demander aux préfets des départements non envahis d'envoyer des cartes des chemins vicinaux, compléter les cartes par les chemins nouveaux, et surtout les voies ferrées établies depuis 1852. Du 15 octobre au 1ᵉʳ février 1871, l'administration militaire de la Défense nationale a pu livrer 15.025 cartes rectifiées.

C'est grâce au général des Pallières, à M. Steenackers et surtout à M. de Freycinet que l'armée a pu avoir des cartes d'ensemble.

(La Guerre en Province, p. 21-22.)

La route d'Authoison est étroite, tortueuse, remplie d'ornières ; nos voitures manquent de verser à tout instant ; nous sommes obligés de nous mettre après les roues, de pousser, les chevaux n'en peuvent plus ; c'est dans ces conditions que nous sommes arrivés à Authoison, à 7 $\frac{1}{2}$ heures. Geisen nous a trouvé un cantonnement dans la salle d'école, nos fourgons sont dans la cour de l'église et nos chevaux sont restés attelés toute la nuit, par ordre supérieur. Nous trouvons la paille qu'il nous faut pour dormir. Une sœur de charité nous offre tout ce qu'elle possède et nous nous installons sur des bottes de paille dans la grande salle d'école. Nous n'avons plus de bougies et nous nous servons d'un cierge ; la pauvre sœur en est scandalisée. Nous avons trouvé un lit pour le docteur ; un curé occupe la même chambre que lui.

Distribution des vivres.

Fontenoy-les-Montbozon, 6 Janvier 1870. — Nous sommes partis ce matin, à 7 $\frac{1}{2}$ heures, d'Authoison. Les routes sont couvertes de verglas, nos chevaux sont éreintés, nous aussi, à force de pousser aux roues. Nous venons de faire dans ces conditions cinq kilomètres en deux heures ! Les chevaux d'artillerie tombent à tout instant, souvent pour ne plus se relever ; on les dételle et on les abandonne. Enfin, nous sommes arrivés à Fontenoy, à

4 $^1/_2$ heures, et allons de suite aux vivres qu'on nous sert, du reste, abondamment[1].

Tous les quatre jours, Geisen et l'un de nous vont à tour de rôle les chercher dans un grand sac.

A côté de ces différents vivres nous avions nos provisions personnelles : macaroni, jambon, viandes salées,

---

[1] Voici les proportions dans lesquelles nous touchons notre ordinaire :

Le docteur en chef, Dr Ehrmann	3 rations
Le fourrier Geisen	3 »
Le docteur aide-major Wolff	3 »
Mansbendel, Læderich, Munsch, Salathé } sous-aides-majors	8 »
Spœrry, Trapp, Butzbach, Juillard } infirmiers	4 »
Jean, Meyer, Noninger } cochers	3 »
	24 rations

La ration se composait de :

75 grammes de viande
40 » lard
10 » sel
25 » sucre
20 » riz
20 » café

ce qui faisait pour quatre jours :

7 kilos de viande
4 » lard
1 » sel
2 $^1/_2$ » sucre
2 » riz
2 » café.

fromage et pain ; nous avions droit à des biscuits de mu-
nition, mais nous préférions notre pain.

On a placé à l'entrée du village, un mobile de Mulhouse,
chargé de nous dire que le commandant Dollfus s'est occupé
de notre cantonnement. Pour mon compte, je suis logé dans
une affreuse petite bicoque, avec une unique chambre et

Fontenoy-les-Montbozon

une petite cuisine. Je dois coucher là, sur la paille, en compagnie de huit artilleurs et un maréchal des logis, le sabotier, sa femme et ses trois enfants. A côté de la maison se
trouve une grange où sont logés quatorze chevaux d'artillerie pressés les uns contre les autres ; nous y avons
encore fourré deux de nos chevaux. Mansbendel et Læderich
viennent nous rejoindre dans ce taudis ; nous y passons une
nuit horrible. Une trentaine de moblots couchent au grenier
au-dessus de nous et font un vacarme épouvantable, répon-
dant à nos observations par des injures et des imprécations.

Fontenoy-les-Montbozon, 7 Janvier 1871. — Ce matin, on a reçu l'ordre de rester à Fontenoy. Je prends congé du sabotier et cherche à me loger ailleurs.

Le vin est introuvable; les paysans de l'endroit se montrent intraitables; l'un d'eux a été rossé d'importance parce que de huit sous il l'avait fait monter à vingt, et c'était un richard de Fontenoy! Un autre se refuse à vendre la moindre des choses aux soldats, sous prétexte qu'il ne lui restera plus rien lorsque les Prussiens reviendront!

Je me promène un peu avec Wolff et Salathé aux environs de Fontenoy; le pays est fort beau, le village est entouré de collines occupées par nos avant-postes. En rentrant, j'invite Robert Gros et Albert Scheurer à dîner avec nous. Je rencontre Sandherr; il me raconte qu'on vient de saisir un zouave en flagrant délit de vol de chaussettes, cinq paires en tout. La cour martiale s'est réunie et on a condamné ce pauvre diable à mort!

Et cependant, comment s'étonner des vols de ce genre, lorsqu'on voit la dureté avec laquelle les paysans de l'endroit repoussent nos soldats, leurs compatriotes, réservant en cachette leurs provisions pour le retour éventuel de nos ennemis.

Le commandant Dollfus nous offre aujourd'hui le cheval d'Emile Kœchlin qui servait à ses fonctions de waguemestre. C'est une bouche de plus à nourrir, mais il peut nous être utile.

Des francs-tireurs ont tué, dans les environs, un uhlan, et capturé deux voitures de réquisition; le cheval du uhlan est un superbe arabe qui a été acheté 100 francs par un jeune capitaine des Deux-Sèvres.

Bonnal, 8 Janvier 1871. — Nous partons ce matin
à 6 ¹/₂ heures, et, au moment où nous quittons le village,
nous entendons un feu de peloton. C'est le pauvre zouave
qu'on fusille. Pauvre, pauvre diable! C'était peut-être un
très bon soldat, mais il ne faut pas plaisanter avec le Code
militaire, et il a fallu faire un exemple. Il a payé pour tout
le bataillon de zouaves, tous grands chappardeurs! Le froid
est très vif et la neige est dure. La route est bordée de pro-
priétés très belles, des châteaux vraiment princiers, des
bois superbes, mais que tout cela a l'air triste avec cette neige
qui recouvre tout de son blanc linceul.

Nous allons arriver à Bouhans. Pour atteindre d'abord
Cognières, nous nous trouvons en face d'une descente
excessivement rapide. Les chevaux d'artillerie se plantent
sur leurs quatre jambes et se laissent glisser. Quant à nos
fourgons, nous avons une peur effroyable de les voir tomber.
Enfin, tout se passe bien; quelques chevaux d'artillerie roulent
sur eux-mêmes jusqu'en bas et on abandonne quelques-unes
de ces pauvres bêtes. Nous en voyons une plus loin sur le
bord de la route, morte probablement de la veille, car on lui
avait déjà enlevé les filets et quelques quartiers de viande.

Nous recueillons sur la route un pauvre moblot des Deux-
Sèvres, très malade, souffrant horriblement, et cela malgré
les récriminations des médecins militaires. Il est contraire
aux règlements, nous répètent-ils, de ramasser les traînards
sur les routes. Alors, il faut les laisser mourir? C'est stupide
et inhumain!

A Thieffans, nous faisons une halte. Nous entamons notre
deuxième morceau de fromage, et avec notre pain gelé, voilà
notre dîner; c'est maigre!

Nous nous remettons en route, toujours suivant la colonne et à travers un pays assez montagneux, nous côtoyons le cours de l'Ognon, très pittoresque dans cette contrée. A Chassey, nous voyons sur une hauteur, une pièce d'artillerie gardée par une compagnie de mobiles. Il nous semble que nous touchons à un moment grave; les commandements de « Serrez ! » deviennent plus fréquents, on bouscule les traînards, mais les soldats, les zouaves surtout, continuent à être gais, ils chantent.

Enfin, à 4 heures, nous arrivons à Bonnal, où se trouvent un certain nombre de bâtiments industriels, des écuries et une maison de maître. Les chasseurs à cheval y ont déjà installé leurs chevaux et l'ambulance militaire son cantonnement. Tout est envahi et les médecins militaires nous refusent grossièrement une petite place. Cependant, le docteur Dezon et le docteur Ehrmann semblent très bien ensemble, mais le D* Dezon laisse faire ses majors. Toujours cette rivalité bête entre militaires et civils ! Nous trouvons enfin une maison vide. Sur la porte, l'inscription suivante à la craie : « Major v. Feydel, 17. Regt., 60 Männer,

Docteur Dezon, médecin en chef de l'ambulance divisionnaire 2e Division, 20e Corps

10 Pferde. » Nous sommes très bien reçus par la propriétaire, toute bouleversée encore, les Prussiens ayant quitté

la veille au soir seulement. Elle a à loger aujourd'hui quatre officiers d'état-major, un capitaine de lanciers et leurs brosseurs. Il reste une chambre vacante pour le docteur. Nous nous logeons dans une maison située dans le voisinage et où l'hospitalité nous est offerte avec une bonté sans exemple par la veuve d'un ouvrier, traînant trois petits enfants après elle; elle met tout son pauvre ménage à notre disposition.

Nous allons aux nouvelles. Tout marche bien, Vesoul, Gray, Dijon, Lure sont évacués, les Prussiens se replient d'une manière tout à fait réjouissante. Mais on nous prévient que demain cela chauffera! Les Prussiens ne sont qu'à deux kilomètres et ils observent nos mouvements. On tue de temps en temps un uhlan qui s'avance trop; ces uhlans sont d'une témérité inouïe; je me trouvais sur le pont de l'Ognon, admirant les exercices d'un régiment de chasseurs à cheval, tous montés sur de superbes chevaux arabes et Tarbes; tout à coup, les regards se fixent vers un point de la colline à gauche, à 5 ou 600 pas de distance. C'était un uhlan se promenant tout tranquillement; on lui tire quelques coups de fusil; il pique des deux et rentre dans le bois. Nous étions donc bien près de l'ennemi.

J'ai remarqué que nous occupions presque toujours les hauteurs, aussi le soldat se sentant bien conduit et secondé par les chefs, marche avec plus de confiance, il est plus gai; le froid, la neige, les privations lui semblent moins lourdes et plus faciles à supporter.

Le régiment de chasseurs à cheval est vraiment beau; c'est celui où se trouve Paul Kullmann; mais cet ami fait partie du peloton de suite du général de Busseroles.

La poste fonctionne pour Pont-de-Roide, Clerval, etc.

J'en profite pour écrire à la maison ; je fais un paquet de toutes les lettres de notre escouade, et l'envoie à mon oncle Flamand, à Blâmont.

Le Dr Ehrmann est allé ce soir encore au quartier général. On l'a assuré que l'on était à la veille d'une action sérieuse, on l'a engagé de plus à prendre toutes ses mesures en conséquence et à ne dormir que d'un œil.

Nous avons fait à Rougemont une ample provision de bougies et de chandelles. On ne peut se figurer combien est terrible la privation de lumière le soir et la nuit.

Villersexel, 9 Janvier 1871 (ferme de Rullet).

La nuit s'est passée sans incident ; nous nous réveillons tout heureux de ne pas avoir été inquiétés. Nous partons à 6 heures ; il fait un froid intense. On va donc bientôt en venir aux mains. Cette seule réflexion nous fait passer un petit frisson dans le dos ; nous marchons lentement, en plein dans la colonne, au milieu des bataillons de la Corse, des Deux-Sèvres, de la Haute-Garonne. Ces derniers me semblent mal vêtus, mal chaussés, ils marchent mal, leurs fusils sont d'une malpropreté révoltante ; plusieurs de ces soldats me disent qu'ils n'osent tirer, de peur qu'ils n'éclatent entre leurs mains. Quel contraste avec nos braves moblots du Haut-Rhin, dont les officiers au moins s'occupent de leurs hommes et leur font nettoyer leurs armes à chaque cantonnement.

Tous ces bataillons marchent comme un vrai troupeau, sans ordre, mêlés à l'artillerie, aux convoyeurs, et je me demande comment on ferait, si subitement on était attaqué. Quel gâchis, quel désordre ! Il me semble, que dans une guerre, où les chances sont toujours si incertaines et où l'imprévu joue un si grand rôle, il faut toujours prévoir l'éventualité d'une retraite et le moyen d'en assurer les mouvements. Ces moyens, cette prévoyance, on n'y songeait pas. Je cheminais à côté d'un capitaine auquel je faisais part de mes appréhensions et qui était de mon avis. Le gouvernement de la Défense nationale, disait-il, oublie un peu que ce n'est pas le nombre qui fait les bonnes armées, mais bien la qualité des hommes et surtout des chefs. Avec la puissance actuelle des canons, vaincre, à l'instar des armées de la 1re République, est une utopie. La 1re armée n'a sur ses derrières ni magasin d'approvisionnement, ni réserve, ni place forte en état de se défendre, pour point d'appui. Elle me semble exposée au plus grand désastre, si dans sa marche sur Belfort et faite sur une seule ligne, un malheur, une faute quelconque, interrompt sa marche en avant et la force à battre en retraite. C'est ne se réserver qu'une seule chance, c'est de l'aveuglement, et on marche, on marche sans s'inquiéter des aléas, des probabilités que peut réserver l'avenir. C'est un mouvement très hardi que nous opérons et qui semble consterner les Prussiens, car devant l'armée de Bourbaki, dont le prestige est très grand, ils ont évacué précipitamment Lure, Vesoul, Gray, Dijon, etc. On les harcèle maintenant, on les poursuit sans relâche. Notre armée se monte à 143,000 hommes. C'est formidable, mais plus formidable par le chiffre que par la solidité des troupes, car il faut bien le dire, notre armée n'est qu'une réunion d'hommes sans expérience, sans discipline et n'offrant qu'une organisation très incomplète. Le 18e et le 20e corps seuls ont quelque consistance. Tous ces jeunes mobiles, levés à la hâte pour grossir le chiffre de cette armée et transportés ensuite subitement de la Loire, dans un pays montagneux, par un froid de 15 et 20 degrés, ne sont-ils pas des victimes offertes aux chances de la guerre !

De temps en temps, la colonne s'arrête; on semble se concerter. Trois colonnes marchent parallèlement par des routes différentes et doivent converger vers un même point.

On nous donne l'ordre de nous arrêter et de nous serrer sur le bord de la route. Voilà qui est fait. Nous voyons arriver au grand trot trois batteries de 4 et une de 8. Les artilleurs et les servants ont l'air de bonne humeur et vont avec gaîté à la mort peut-être ? Arrive bientôt après le général Bourbaki, suivi d'un piquet de chasseurs éclaireurs, bandeau jaune au képi; l'un d'eux porte le fanion du général, en soie rouge et jaune. Le général Bourbaki, grisonnant, portant toute la barbe, le dos voûté, a l'air préoccupé.

Ce défilé a duré dix minutes et nous reprenons notre marche. La colonne nous a devancés, et nous sommes maintenant seuls avec les voitures d'ambulance et les fourgons d'intendance, munitions, approvisionnements, etc.

Tout à coup, nous entendons le canon dans le lointain. A mesure que nous avançons, les coups deviennent plus distincts. Nous sommes dans un bois assez touffu, et nous ne pouvons pas bien nous rendre compte de l'endroit où se passe l'action. Il est 8 $\frac{1}{2}$ heures du matin. Le bois s'éclaircit et nous longeons une colline. Le canon devient de plus en plus distinct.

Nous avançons toujours, et, à la sortie du bois, on s'arrête. Nous voyons sur la colline à droite, des troupes rangées en

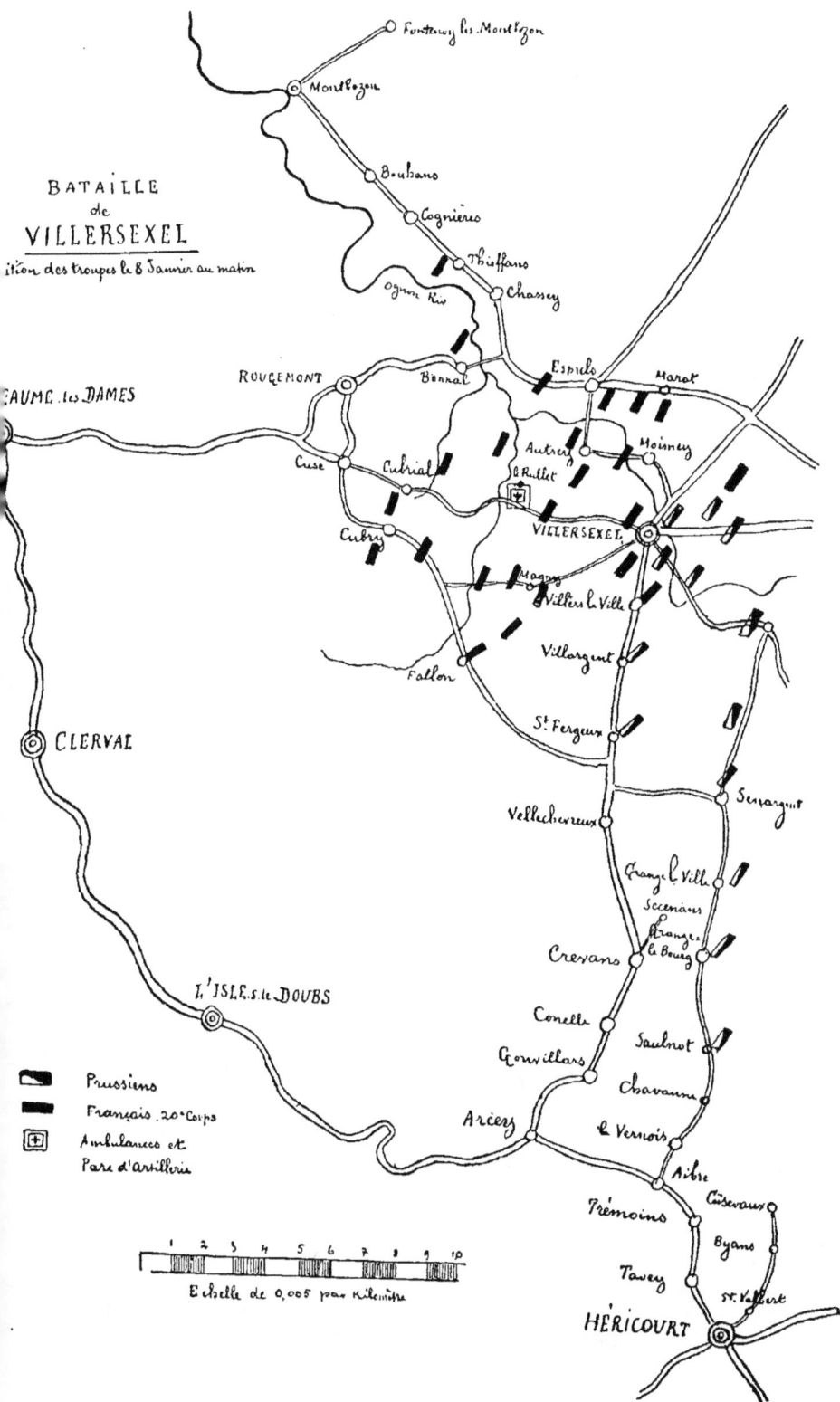

BATAILLE
de
VILLERSEXEL

...ition des troupes le 8 Janvier au matin

Fontenoy les Montbozon

Montbozon

Boulans

Cognières

Thiffans

Chassey

Ognon Riv

ROUGEMONT

Bonnal

Espiels

Marat

BEAUME les DAMES

Cuse

Cubrial

Autrey

Moimey

le Ruffet

Cubry

VILLERSEXEL

Magny

Villers la Ville

Fallon

Villargent

CLERVAL

St Fergeux

Sensargut

Vellechevreux

Grange la Ville

Secenans

Grange le Bourg

Crevans

Conelle

Saulnot

Gonvillars

Chavanne

L'ISLE s. le DOUBS

le Vernois

Arcey

Aibre

Cusevaux

Trémoins

Byans

Tavey

St Valbert

HÉRICOURT

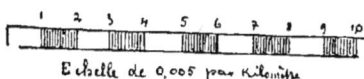

Prussiens

Français 20e Corps

Ambulances et
Parc d'Artillerie

1 2 3 4 5 6 7 8 9 10

Echelle de 0,005 par Kilomètre

bataille. Ce sont les zouaves et les deux bataillons du Haut-Rhin. On se bat en ce moment, c'est sur Villersexel qu'on tire, mais ce n'est encore que le canon qui joue un rôle actif. Les ambulances reçoivent l'ordre d'avancer ; nous montons la colline et arrivons près d'une ferme. Un officier d'état-major nous dit qu'il y aura de l'ouvrage pour nous aujourd'hui. Il nous montre une grande ferme située plus bas, et nous la donne en partage avec l'ambulance divisionnaire.

J'admire le sang-froid avec lequel nos artilleurs chargent leurs pièces. Les obus prussiens n'arrivent pas à eux et ils étaient serrés de deux ou trois côtés. Car, nous entendons, pendant les intervalles, le son encore plus éloigné d'autres canons. Nous sommes absolument assourdis.

L'action se passe entre Rougemont et Villersexel, et la ligne de bataille s'étend de Cubry au Magny, Villersexel, Moimey et Esprels.

Il est 10 $\frac{1}{2}$ heures, nous descendons à la ferme de Rullet qui nous est dévolue. L'ambulance militaire place ses fourgons dans un pré vis-à-vis de la ferme ; nous y mettons les nôtres également. Le parc d'artillerie s'y installe aussi avec le train, les convoyeurs et les bagages. Le canon cesse et les mouvements des troupes et de l'artillerie s'opèrent successivement. Nous nous munissons de nos musettes, toile, charpie, bandes, épingles, trousses, etc. Geisen fait du feu et nous mangeons un morceau de fromage, du pain et du café chaud.

Le canon recommence à tonner dans toutes les directions ; c'est un bruit assourdissant ; nous entendons une musique militaire, la première que j'aie entendue depuis longtemps ;

4

Ferme du Couillot, 8 Janvier 1891

elle joue l'air des pompiers de Mulhouse ; nous nous précipitons au bord de la route pour voir passer les 1er et 4e bataillons du Haut-Rhin, qu'on va poster sur la lisière du bois, vis-à-vis de Villersexel. Nous serrons bien vite les mains de tous ces amis, en leur souhaitant bonne chance. Certains d'entre eux pleurent d'émotion, d'autres, le cœur gros, nous sautent au cou, comme s'ils avaient le pressentiment de la dernière étreinte, de l'éternel adieu.

Le moment est angoissant, et nous avons peine à retenir nos larmes. Nous les suivons des yeux et les entendons encore dans le lointain chanter la *Marseillaise* accompagnée de la musique. Alors, cela a été plus fort que nous, nous pleurions comme des enfants, en pensant que peut-être dans une heure, on nous les rapporterait blessés, morts peut-être. Ils marchent avec un courage et un entrain admirables et nous étions fiers d'être de Mulhouse. Arrivent les zouaves, ils ne marchent pas, ils courent, c'est un vrai torrent ; ils nous lancent, en passant, des lazzis à mourir de rire, les uns nous engagent, d'un air souriant, à préparer nos linges et notre charpie, d'autres vont tout simplement manger deux ou trois Prussiens. Ils crient, à tort et à travers : « Vive la France ! » « Vive l'empereur ! » « Vive la République ! », d'autres encore chantent le refrain : « Vive l'amour et le tabac ! » Tous sont petits, trapus et lestes. Il y en a de tous jeunes, de 16, 17 et 18 ans, des vieux de 50 à 60 ans. Après les zouaves, arrive tout le reste de la 2e division, les mobiles des Deux-Sèvres, de la Corse, de la Haute-Garonne, etc. ; la réserve de l'artillerie reste près de la ferme, et nous voyons passer les mitrailleuses, décoiffées pour la circonstance ; leurs artilleurs en sont fiers.

Nous continuons à nous préparer, nous disposons les brancards , arrangeons nos caisses de pharmacie, nos instruments et on amène déjà des blessés. Le premier est horrible à voir, un pauvre artilleur qui a la moitié de la figure emportée ; il vit encore ; la partie emportée est remplie de caillots de sang noir, dans un amas d'os hachés et de dents, le tout retenu encore par quelques lambeaux de chair. Je l'ai regardé de très près pour m'habituer à ce que je verrai plus tard. Tous les autres blessés, le sont par éclats d'obus. Nous travaillons dans le sang jusqu'à midi. Les médecins militaires, voyant que nous nous y mettons de cœur et d'âme, nous invitent à dîner avec eux.

Le fermier a caché toutes ses provisions (il en avait en masse) dans une cachette que nous venons de découvrir ; le pauvre homme en est tout décontenancé ; nous faisons nos provisions, en le payant grassement.

A 1 heure, nous nous remettons à l'ouvrage. Tout à coup, le sol tremble, des détonations épouvantables se font entendre. C'est une batterie de 8 qu'on a placée juste au-dessus de la ferme, sur la hauteur. Les Prussiens répondent et vlan ! un obus tombe sur la ferme, fracassant une partie du toit, un deuxième, puis un troisième se suivent coup sur coup, enlevant tout sur leur passage ; ils se dirigent maintenant sur l'endroit où sont nos fourgons et le parc d'artillerie. Les artilleurs sautent sur leurs chevaux et partent au grand galop, plusieurs chevaux tombent, frappés en route, mais les autres affolés continuent leur course vertigineuse, traînant les blessés après eux ; tous les convoyeurs, les fourgons filent au plus vite. Au même instant, nous voyons un escadron de chasseurs détaler, puis un bataillon

de mobiles se replier ; c'est une vraie débandade, et nous
croyons tout perdu. Nous prenons déjà le parti de rester
ici quand même, et de nous laisser prendre plutôt que
d'abandonner nos blessés. Nous en avons déjà quinze que
nous avons étendus sur de la paille fraîche dans une écurie.
Je n'oublierai jamais cette scène ; tous ces blessés criant,
gémissant, les bœufs, les vaches, les moutons, la basse-cour
se mettant à l'unisson, et par-dessus cette horrible symphonie, le bruit strident des obus qui enlèvent un coin de
mur ou de toit, ou bien s'enfoncent dans la neige, pour
éclater ensuite avec fracas.

Nous commençons à nous cuirasser; Spœrry et moi,
sommes sur le devant de la porte de l'écurie, regardant
stoïquement cette scène de dévastation, en roulant une cigarette. Un cheval affolé tombe devant nous frappé d'un éclat
d'obus. Nous arrivons à distinguer parfaitement les sons
différents des obus prussiens et français; le premier siffle et
rend un bruit strident tandis que l'obus français rend un
son sonore et chante harmonieusement. Dans l'intérieur de la
ferme, la scène est navrante : le fermier, la fermière et leurs
trois fils se serrent les uns contre les autres, haletants ; la
mère pleure à chaudes larmes. Le docteur Ehrmann et les
médecins militaires continuent leur besogne sanglante,
d'autres attendent patiemment que cela finisse.

Dehors, notre pauvre fourgon est renversé sur le flanc,
plus de roues de devant et plus de chevaux; ils se sont
sauvés avec l'avant-train. L'omnibus seul est là avec les deux
chevaux, les oreilles dressées, la tête en l'air et hennissant
d'une manière lugubre. Tout à coup, je vois notre cocher
Jean s'élancer sur le siège et partir à fond de train vers le

bois; les autres chevaux ont disparu! Quelle désolation! On ne voit plus sur le pré que quelques chevaux morts, éventrés, des places noires, des voitures brisées, et notre pauvre fourgon. Le docteur est exaspéré. Nous découvrons notre cocher Noninger dans un coin de la ferme, tremblant comme une feuille, et Meyer avait disparu.

Le bombardement dure toujours, on n'en voit pas la fin. Notre batterie de 8 continue à cracher et on vient de lui envoyer de nouvelles munitions. Tout à coup, étant sur le pas de la porte de la ferme et contemplant cette scène de désolation, je vois arriver au grand galop un jeune officier d'artillerie; au moment où il descend de cheval devant moi, sa bête tombe frappée d'un éclat d'obus. « Tiens, Lafont! » « Vous ici, Juillard? » C'était le fils du colonel Lafont de Ladébat, de Strasbourg. Il avait reçu un éclat d'obus sur le dessus de la tête et venait se faire panser. Il veut absolument, son pansement terminé, et malgré nos prières, retourner à sa batterie qui est précisément au-dessus de la ferme; ce n'est qu'en voyant son cheval mort devant la porte qu'il a consenti à rester une demi-heure de plus avec nous. Il n'est revenu que le soir; sa blessure a empiré, mais n'est toutefois pas trop grave.

Le canon tonne toujours et nous restons les bras croisés. Nos blessés sont pansés, classés et couchés.

A 3 $\frac{1}{2}$ heures passe devant nous une batterie de 12 qui s'installe au haut de la ferme également. Elle commence à tirer et fait un bruit formidable. La batterie de 8 semble démontée et ne tire plus. Nous n'apercevons plus de servants debout; par contre, nous voyons des bras en l'air et des hommes couchés. Aussitôt, Mansbendel, Munsch et

moi prenons des brancards et nous nous dirigeons là-haut.
L'angoisse me prend à la gorge et le trajet me paraît rude-
ment long. Il me semble, à chaque instant, voir un obus se
diriger vers nous. Comme par miracle, ils se dirigent d'un
autre côté. Nous voyons deux blessés, l'un, un tout jeune
homme, auquel je passe ma gourde de cognac, l'autre est un
maréchal des logis. Mansbendel et moi soulevons le premier, mais il pousse un cri terrible; nous voyons que sa
jambe gauche ne tient plus que par quelques lambeaux de
chair. Nous parvenons à le mettre sur le brancard. Le
maréchal des logis est moins atteint; nous l'avons cherché
après l'autre.

Ce voyage de 200 à 300 mètres m'a semblé bien long,
mais il m'a complètement aguerri; car j'avoue que, dans le
premier moment, je n'étais pas fier.

On couche le pauvre artilleur dans l'écurie sur de la
paille fraîche et on le panse; le pauvre diable a la cuisse
coupée net, le bras droit broyé et une partie de la tête en-
dommagée. Il n'y a rien à faire, c'est un homme mort.
Pendant que le docteur lui opère la cuisse, un ami vient le
voir et lui dit : « Mon pauvre Sahler, comme te voilà ar-
rangé ! » Le pauvre diable rouvre les yeux et sourit tristement à son ami qui lui dit adieu. Il est mort, ce soir,
quatre heures après.

Les blessés affluent maintenant, on en apporte de tous
les côtés. Nous en avons trente, tous très grièvement blessés.
Le bombardement cesse; la batterie de 12 a fait son effet,
elle a éteint le feu ennemi. Le son du canon est plus éloigné;
on sent qu'on a fait un pas en avant et que l'ennemi recule.

Je vois arriver le général Clinchant qui se frotte les

mains : « Cela va bien, nous dit-il, nous coucherons ce soir
à Villersexel! »

Nous allons voir notre fourgon, mais dans quel état nous
le trouvons! Couché sur le flanc, les portes ouvertes et
traversées de part en part par un obus. Meyer et Noninger,
après une verte semonce du docteur, vont à la recherche des
chevaux qu'ils retrouvent dans le bois. L'un d'eux est mort.
Il n'y a rien de cassé dans nos caisses de pharmacie. Quelle
chance! Nous relevons le fourgon que nous rafistolons tant
bien que mal avec des cordes pour pouvoir le conduire à
Villersexel et le faire réparer là.

On amène toujours des blessés. Un capitaine de chasseurs à cheval s'est démis l'épaule. On se met à une dizaine
pour l'endormir et lui tirer les membres. L'opération est
terminée et le capitaine remonte à cheval.

C'est dans la cuisine de la ferme qu'on fait les opérations,
le plancher est ruisselant de sang. J'ai glissé un moment et
suis tombé sur les mains. C'est horrible, cette sensation!

A 6 1/2 heures arrive le général Bourbaki avec son état-
major, il nous demande à se mettre quelque chose sous la
dent. Le souper est prêt et il s'installe avec nous, M. de
Serre et un capitaine d'état-major. Toutes les tables sont
occupées par les opérations. Quant aux chaises, il n'y en a
plus, et on s'accroupit à terre pour manger. Le général
Bourbaki nous dit que tout marche à souhait, mais que la
résistance à Villersexel sera plus dure qu'on ne le pensait.

On me raconte ce même soir que, au moment où la batterie de 8 fonctionnait, le général Bourbaki s'était fait
apporter une chaise, et à côté d'un feu de vieux bois sec,
fumait tranquillement sa cigarette, en examinant les évolu-

tions de l'armée. C'est une bravade que je ne comprends pas de la part d'un général en chef ; c'est beau, c'est brave, si on veut, mais c'est bien imprudent. Bourbaki, ce soir, a l'air joyeux, il cause peu, la parole est brève, saccadée, et il ne parle que lorsqu'on lui adresse des questions. Il est reparti au bout de vingt minutes en nous disant qu'il coucherait à Villersexel ce soir même [1].

Il est 7 heures, je vais faire une ronde à l'écurie ; plusieurs de nos blessés sont morts ; nous étendons des toiles sur eux ; les autres continuent à gémir ; un artilleur, en délire, me dit : « Ah, si Napoléon était là ! » Je lui demande : « Quel Napoléon ? » « Ah ! dans tous les cas, pas cette canaille de Badinguet ! »

Je rentre dans une petite chambre de la ferme et là, sur un tas de matelas et de literie, disposés à la hâte, je tâche de dormir un peu. Tant d'émotions m'avaient brisé, mes jambes tremblaient. Au bout d'une heure, on vient me réveiller pour faire un tour sur le champ de bataille. Il est 8 heures ; nous prenons des brancards et des lanternes et nous allons par groupes de divers côtés ; j'étais avec Salathé, Trapp portant la lanterne, et nous cherchons des blessés

---

[1] Le succès de la journée fut dû principalement à l'intervention personnelle du général Bourbaki qui ne quitta pas le champ de bataille. Au moment où les troupes faiblissaient sous le feu de l'artillerie, il parcourut leur front et les ramena à l'assaut avec une bravoure incomparable. Ceux qui étaient auprès de lui et qui n'avaient pas eu occasion de le voir dans le combat, parlent avec admiration du changement qui s'opéra en sa personne. Sa physionomie, d'ordinaire douce et tranquille, s'illumina soudain et son geste eut une puissance de commandement irrésistible. Les troupes électrisées marchèrent au feu en poussant des acclamations enthousiastes.

(Ch. de Freycinet, *La Guerre en Province*.)

dans la neige; nous voyons arriver au loin un groupe de
quatre zouaves, apportant un de leurs camarades blessé,
dans un pétrin de boulanger; nous installons sur notre
brancard le pauvre diable qui avait reçu au flanc un éclat
d'obus et le portons à la ferme. Il est mort trois heures
après. Nous retournons sur le champ de bataille; nous
tâtons plusieurs corps, mais ils sont bien morts; nous rencontrons un aide-major d'un régiment de zouaves; nous
faisons route ensemble et arrivons au point culminant de la
colline. Les Prussiens tiennent toujours bon à Villersexel;
ils se sont retranchés dans l'immense château du comte de
Grammont, et les Français y ont mis le feu pour les faire
déguerpir. Plusieurs maisons de la ville sont également en
feu. Deux aides-majors et le comptable de l'ambulance militaire se joignent à nous, et nous nous rapprochons de la
ville. Le spectacle est horrible, grandiose! On croirait que
tout Villersexel est en feu, le château de Villersexel est en
flammes, ainsi que trente autres maisons; nous avançons
toujours et ne sommes plus qu'à une centaine de pas des
premières maisons de la ville, nous entendons les balles
siffler au-dessus de nos têtes. Nous percevons les commandements français et allemands, le crépitement du bois et des
toitures qui flambent, les coups de fusils, les Hourrah sauvages des Prussiens, de temps en temps la trompette des
zouaves sonnant la charge, le tout entremêlé de cris impossibles à décrire. La basse de cette symphonie infernale est
remplie par le canon qui tire sans relâche sur ce foyer d'incendie et de carnage. Quel contraste, quand, détournant un
moment les yeux de cette terrible scène, nous nous retournons : le ciel, qui cette nuit-là, est d'une beauté remarquable,

est constellé d'étoiles et éclairé par un clair de lune splendide.

Nous avons peine à nous détacher de cette scène épouvantable; nous sommes fascinés et comme rivés à nos places. Un des aides-majors et le comptable nous ont quittés

Château de Grammont : Villersexel, 9 Janvier 1871

et se sont engagés dans la ville. Ils reviennent au bout d'une demi-heure, bouleversés, le visage couvert d'une pâleur mortelle. Le comptable nous raconte qu'il était entré dans une maison; un zouave était là, le poignet traversé par une balle et, au moment où il le pansait, le zouave tombe raide mort devant lui, une balle en plein front; l'aide-major, qui était dans une autre maison, avait couru le même danger et dans des conditions analogues. Ils ont vu des scènes horribles de combat dans la rue, on se bat à l'arme blanche et c'est, du reste, grâce à cette manière de combattre, dans laquelle excellent nos soldats, que les Prussiens, affolés de terreur, finirent par abandonner la place. Les feux de peloton que nous entendons, proviennent des retranchements que se sont construits les Prussiens dans le parc; le château n'est plus qu'une ardente fournaise, des caves aux greniers.

Tout à coup, Wolff porte vivement la main à la tête; une balle vient de lui effleurer l'oreille; nous jugeons prudent de nous replier, et nous rentrons à la ferme. On nous dit là que le général Clinchant a établi son quartier général à Villersexel, dans une des premières maisons de la ville; il a déclaré qu'il ne sortirait pas de Villersexel, que la ville ne soit prise. C'est à 2 $^1/_2$ heures du matin que le coup de collier décisif a été donné. A 4 heures du matin, le drapeau du 3e zouaves flotte sur les ruines du château de Grammont et nos troupes victorieuses campent sur les positions conquises.

Nous allons retrouver nos pauvres blessés et faisons le bilan de la journée, nous en remémorant toutes les phases tragiques. Nous avons pu voir, dans cette journée, l'organisation précaire des ambulances militaires qui ne disposent que d'un matériel insignifiant d'instruments de chirurgie, de pharmacie et de pansements; plus d'une fois, les médecins militaires ont eu recours à nous pour avoir, soit des médicaments, soit même des instruments. Pour lier et emboîter des membres, ils se servaient, à défaut d'attelles ou de gouttières, d'un peu de paille et de morceaux de bois vert, le tout lié sommairement par une bande de n'importe quel tissu.

Cette opération faite, le patient était couché dans un coin de l'écurie et on ne s'en inquiétait plus. Pour les militaires,

il n'est pas question de chloroforme : j'ai vu un des majors
scier la jambe d'un pauvre zouave, sans l'endormir, tandis
qu'on usait la moitié d'un flacon de chloroforme pour remettre l'épaule d'un capitaine de chasseurs à cheval. La
hiérarchie, dans des moments pareils, c'est horrible !

Villersexel, 10 Janvier 1871. — Nous sommes
prêts à partir, à 6 heures ce matin, après avoir pris les mesures nécessaires pour l'évacuation de nos blessés.

Nous débarrassons le fourgon d'une partie de sa charge
et nous réquisitionnons une voiture à échelles à la ferme ;
nous nous emparons également d'un cheval du train qui
mourait de faim ; il avait une plaie horrible sur le dos ; le
docteur s'improvise vétérinaire et la lui panse tant bien que
mal. Nous sommes donc à la tête de quatre véhicules et de
sept chevaux. Nous partons à 8 heures du Rullet et arrivons
à 9 heures à Villersexel.

En attendant que notre fourgon se répare à l'aide d'une
forge de campagne, qu'un commandant d'artillerie a la
bonté de mettre à notre disposition, nous nous promenons
en ville, au milieu des ruines fumantes.

A chaque pas que nous faisons, nous voyons des cadavres
français et allemands, soit au milieu des rues, soit sur des
fumiers, ou sur des tas de décombres. Je vois, entre autres,
étendu sur un fumier, un Prussien du 25ᵉ régiment, tout
jeune, avec une balle en plein front ; sans le trou d'où n'avait
pas coulé une seule goutte de sang, il aurait semblé dormir
d'un profond sommeil. L'aspect des autres cadavres est plus
laid, plus effrayant ; ce sont, en général, des landwehrs et des
Prussiens du 25ᵉ régiment. La neige, fortement piétinée,

est comme de la poussière et on marche sur des milliers de balles françaises et allemandes, les maisons en sont criblées. Nous approchons du château ; presque toutes les maisons qui l'avoisinent sont détruites, certaines brûlent

Grand'rue : Villersexel, 9 Janvier 1871 au matin

encore ; à travers les soupiraux de caves, on voit des cadavres brûler ; ils répandent une odeur épouvantable.

Nous parcourons toutes les rues de la ville ; partout même spectacle, même dévastation. Nous entrons au château. Le parc a dû être splendide, mais tout est haché ; les allées sont remplies de cadavres ; nous voyons dans une allée écartée six cadavres alignés les uns à côté des autres, les figures couvertes d'un morceau de toile. Le premier est un lieutenant-colonel de mobiles, tout jeune encore, 40 ans à peine, son doigt presse encore la détente d'un revolver et son bras reste levé; plus loin, un lieutenant de zouaves, d'environ 25 ans, la figure complètement brûlée et une main portée à sa figure; à côté de lui, un capitaine de zouaves, jeune aussi, vraie figure de cire, la bouche souriante, une moustache naissante, il a l'air d'avoir 20 ans; il est frappé en pleine poitrine et a dû succomber immédiatement, car les autres ont les traits crispés par la douleur, et la menace à la bouche. Le quatrième est encore un lieutenant de zouaves, 35 ans environ, une balle au front; le cinquième est un capitaine de mobiles, belle figure, mais ayant tout le haut de la tête et une partie du corps brûlés. Le sixième cadavre est celui d'un tout jeune homme portant le costume de garibaldien, les pieds complètement brûlés.

Nous nous éloignons de ce triste spectacle et arrivons au château dont il ne reste plus que les quatre murs; tout l'intérieur s'est effondré; cet immeuble était immense, deux ailes, dont l'une est encore surmontée d'un haut toit pointu, reliées par un corps de bâtiment d'au moins vingt fenêtres par étage; on nous raconte que la veille au soir, aussitôt que les Prussiens eurent pris possession du château pour s'y retrancher, la comtesse de Grammont s'est sauvée précipitamment avec ses deux petits enfants.

Le combat a été excessivement meurtrier des deux côtés. Trois assauts ont été repoussés et ce n'est qu'au quatrième qu'on s'est rendu maître du château. Le carnage a été horrible, paraît-il, et les flammes ont dévoré ou englouti bien des malheureux.

Nous tournons l'aile du château et dans une allée nous voyons campée une compagnie de zouaves, chantant à gorge déployée. Le sol est jonché de bouteilles brisées au goulot, et un zouave nous raconte que beaucoup de Prussiens, ayant fait main-basse sur la cave, étaient ivre-morts et se laissaient égorger comme des moutons. Il nous montre en bas du parc un tas informe de 50 à 60 cadavres de land-wehrs et de Prussiens du 25e régiment, entassés les uns sur les autres. Ils avaient roulé depuis le haut de la cour. J'examine certains de leurs schakos. La plupart sont des Polonais.

Nous remontons, en suivant toujours les allées du parc. Partout les traces d'une résistance longue et acharnée, les mares de sang se succèdent, la neige est remplacée par une boue noire et sanglante.

Nous sortons de ce lieu d'épouvante et rencontrons un Prussien, armé d'une épée, un brassard au bras. C'est, paraît-il, un prisonnier sur parole et surveillé par la troupe. Plus loin, nous voyons un groupe de zouaves dont l'un d'eux est occupé à couper l'uniforme d'un landwehr couché là, pour avoir sa chemise et son gilet de flanelle. Je lui fais des remontrances, qui sont très mal reçues, et aussitôt il reçoit en bas du dos un coup de pied qui le fait rouler à dix pas. Il se relève et se trouve en face d'un capitaine de zouaves qui l'agonise de sottises; il se regimbe, prétend qu'il a, aussi bien qu'un officier, le droit d'avoir un gilet de flanelle, le capitaine le fait arrêter immédiatement. Cet incident nous a péniblement impressionnés.

VILLERSEXEL - Les ruines du château du marquis de Grammont, après la bataille du 9 janvier 1871 (façade principale)

Nous nous rendons au rendez-vous que nous nous étions fixé, sur la grande place. Le docteur et Wolff sont à la mairie, où il y a une centaine de blessés ; ils les ont soignés, pansés, lavés, concurremment avec l'ambulance divisionnaire et des ambulanciers civils de l'endroit.

Les Prussiens, en quittant Villersexel, ont laissé entre nos mains plus de 800 fusils ; on peut donc évaluer leurs pertes à 800 hommes blessés et tués ; de notre côté, les pertes ont été très sérieuses, nous y avons perdu plus d'un millier d'hommes ; nous avons même laissé entre les mains de l'ennemi quatre pièces de 8, qu'un capitaine d'artillerie avait oubliées par mégarde !

Tous les blessés qui sont à la mairie sont des Français ; les Prussiens ont emporté les leurs. Quant aux morts, ils n'ont pas eu le temps de les ensevelir immédiatement, comme ils ont l'habitude de faire.

Voilà en quoi nos ennemis nous sont supérieurs : c'est par le service des voitures qu'ils organisent immédiatement pendant le combat, pour le transport de leurs blessés ; nous n'en avons pas vu un seul traîner, pendant notre marche en avant ; ils les emportaient tous ; c'est pour cela qu'on n'a jamais su au juste le montant de leurs pertes. Quant à nos pauvres blessés, c'est à grand'peine qu'on trouvait à leur procurer des véhicules ; ceux qu'on ne pouvait évacuer sur les grands centres étaient abandonnés aux soins des personnes charitables qui voulaient bien s'en charger. Combien de ces malheureux sont morts, deux, trois jours après, sans qu'on ait pu songer à prendre leurs noms ou leurs numéros. Nous sommes encore bien arriérés, et il faudra bien des

5

expériences pour arriver à faire la guerre aussi méthodiquement que nos ennemis.

Je me rappelle avoir tenu dans mes mains, le sac d'un
chirurgien-major allemand. Il a provoqué notre admiration.

L'intérieur est divisé en plusieurs compartiments pour
les potions pharmaceutiques, des tiroirs pour les panse-

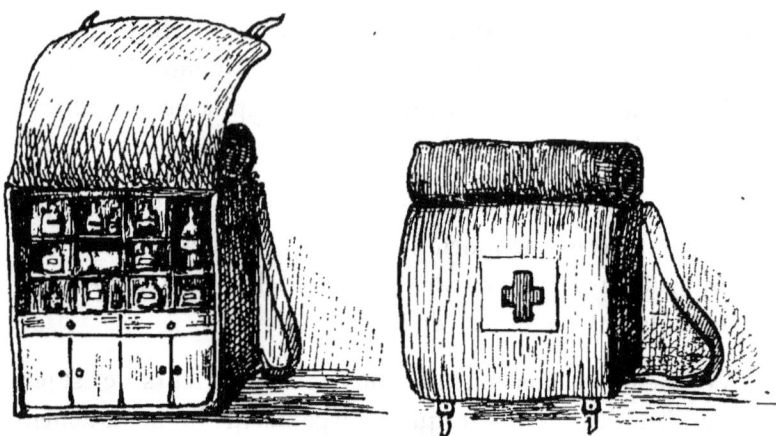

Sac d'un major allemand (Villersexel, 9 Janvier 1871).

ments et les instruments. Le sac est très léger, et se porte
à dos comme celui du soldat. Il est d'une utilité incontes-
table dans la chaleur d'une action, alors que le bataillon est
éloigné du service des ambulances et des intendances, dans
une grand'garde, par exemple, aux avant-postes. En voyant
cette chose si naturelle, si simple, nous étions étonnés
qu'on n'ait pas songé à en introduire de pareils dans notre
armée.

Villers-la-Ville, 10 Janvier 1871. — Le fourgon n'est pas encore sur pied et on demande encore trois bonnes heures pour finir la réparation. Nous partons avec l'omnibus et les autres voitures, laissant Mansbendel et Butzbach à Villersexel; Wolff et moi restons en arrière pour guetter l'arrivée du fourgon, lorsque tout d'un coup nous voyons arriver le général Clinchant, accompagné d'un officier d'état-major. Il est bleu de colère : « Qu'est-ce que vous f... encore ici, votre division est partie depuis trois heures et vous êtes encore à flâner ici. Tâchez de f... le camp et vite, tas de fainéants ». Wolff lui répond aussitôt et lui explique les motifs de notre retard, le fourgon brisé, etc. Clinchant se radoucit et nous dit : « Ah, si c'est ainsi, vous êtes des braves, je vous donne tout le temps nécessaire pour rattraper la colonne, mais faites vite, car nous aurons bientôt besoin de vous. Si on ne veut pas vous laisser dépasser, criez : Ordre du général Clinchant ». Et il nous quitte en nous saluant très affectueusement.

Las d'attendre le fourgon, nous partons et arrivons à 6 heures du soir à Villers-la-Ville. Le village est bondé de troupes; impossible de trouver à nous caser. Nous retrouvons notre brigade. Le capitaine Thierry nous offre très gracieusement son cantonnement, ils étaient déjà à sept dans une petite chambre; en nous serrant un peu, nous arrivons à y fourrer cinq des nôtres. Le docteur trouve de la place dans le cantonnement du commandant Dollfus. Trapp est préposé à la garde des voitures et des chevaux.

C'est avec une très grande joie que nous retrouvons le bataillon de Mulhouse sain et sauf, car depuis le commencement de la bataille, nous étions très inquiets. Nous

apprenons ce soir que Bourbaki a envoyé des reconnais-
sances de tous côtés, pour fouiller les villages jusqu'à deux
lieues à la ronde; les Prussiens sont à au moins trois lieues
de distance.

Vellechevreux, 17 Janvier 1871. — Je n'ai pas
dormi cette nuit. Couché devant la porte, sur un peu de
paille, à côté de notre ami Emile Gluck, mes jambes sont
couvertes de givre, au matin. Le fourgon n'est pas arrivé,
Mansbendel et Butzbach ont couché à Villersexel.

La brigade se met en route à 6 $^1/_2$ heures. A 8 heures,
Wolff et moi retournons à Villersexel voir ce qui s'y passe.
Nous arrivons à 9 $^1/_2$ heures chez le charron qui demande
encore une petite heure pour finir.

Nous déjeunons chez le charron, avec trois francs-tireurs
de la Bretagne, dont l'un est blessé au bras gauche. On
nous raconte la grossièreté et la sauvagerie des Prussiens;
le charron en avait eu trente à loger. Ces sauvages ont
menacé plusieurs fois sa femme de la tuer, soit pour du
pain, de la viande ou du vin qu'on ne leur servait pas assez
rapidement. Elle n'a échappé que par miracle à la mort
pendant le combat des rues. Les Prussiens s'étaient retranchés dans sa chambre, et tiraient de là sur nos soldats.
Avant de partir, ils ont tout saccagé et emporté tout ce
qu'ils pouvaient trouver. Ce qui a fait le plus de peine à
cette brave femme, qui est une fervente catholique, c'est
qu'un de ces « Prusses » lui a cassé le globe couvrant une
statuette de la Vierge et emporté la couronne et deux cha-
pelets en cuivre doré !

Enfin, notre fourgon est prêt, et nous prenons congé du charron.

Toujours des cadavres dans les rues, on en sort de tous les soupiraux de caves. On en sort même des vivants, mais ivres-morts. Deux ou trois maisons brûlent encore.

Nous quittons ce pauvre Villersexel, et c'est au trot que nous allons rejoindre notre escouade à Villers-la-Ville, d'où nous repartons tous à 1 heure, avec $6^1/_2$ heures de retard sur la 2e division. Mais l'étape ne sera pas longue, car c'est à Vellechevreux que nous devons cantonner, et le commandant Dollfus, que nous avons prévenu de notre retard, a dû nous réserver notre cantonnement.

La route est très accidentée et, malgré nos efforts, notre fourgon risque à chaque instant de tomber et de se fracasser une seconde fois.

L'ordre du général Clinchant n'est pas inutile ; nous dépassons la 3e division, au milieu des jurons des convoyeurs et des gendarmes ; un général veut même nous faire garer à un coin de route et nous forcer à marcher derrière eux. Mais, avec le mot d'ordre de Clinchant, nous passons à travers les bataillons, les régiments qui se serrent de chaque côté de la route, et se montrent avec un certain respect notre fourgon traversé par les obus.

Nous passons successivement par Villargent, St-Fergeux, et, à 4 heures, nous arrivons à Vellechevreux. A l'entrée du village, une sentinelle, placée à notre intention, nous informe que notre cantonnement est prêt.

L'aspect du village est curieux en ce moment ; dans tous les jardins et les cours des maisons, on est en train d'éventrer et de dépecer des bœufs, des vaches et des moutons.

On ne mourra pas de faim ! Nous rencontrons les amis du
bataillon qui nous conduisent à notre cantonnement; c'est
la résidence d'été d'une famille de Besançon. Elle est sur
une éminence, et il a fallu atteler tous nos chevaux à un
seul fourgon pour y parvenir. Le froid est très vif et la neige
très dure et glacée, ce qui rend les routes impossibles.

Villechevreux

Nous trouvons des écuries et des remises spacieuses. Nous-
mêmes sommes logés dans la bibliothèque du château où
nous installons plusieurs bottes de paille pour notre cou-
chage. Le docteur a un lit, fort heureusement. La cour est
très spacieuse ; on y entre par une sorte de portique, très
ancien ; meurtrières, machicoulis, pont-levis, rien n'y
manque. C'est, paraît-il, Alfred Engel qui a trouvé ce superbe cantonnement. Robert Gros nous informe que nous

sommes tous invités à dîner ce soir, par le commandant
Dollfus.

La situation du château est splendide ; un magnifique
jardin derrière la maison surplombe toute la contrée. Le
village est au-dessous et nous voyons au loin s'allumer, les
uns après les autres, les feux des bivouacs en quantité
innombrable.

Lang, le cuisinier du commandant, vient nous apporter
un plateau de verres avec quelques bouteilles de pale-ale
que nous buvons avec délices. Ensuite, comme c'est mon
tour d'aller à la corvée, je prends un sac et vais avec Trapp
chercher nos vivres de campagne. C'est dur, et pour ne pas
tomber par ce verglas, nous nous cramponnons à tous les
murs et les arbres que nous rencontrons.

A l'intendance, on nous dit qu'il est trop tard et on nous
remet au lendemain. Nous allons alors à la recherche de
foin et d'avoine, mais on nous refuse nos bons de réquisition, sous prétexte qu'il n'y a plus rien. Le maire même est
impuissant vis-à-vis de ses administrés. Devant cette atti-
tude, nous n'hésitons pas : nous avisons des greniers pleins
de foin, de paille et d'avoine et faisons enlever par nos
cochers tout ce qu'il nous faut. Voilà ce qui nous a fait le
plus de mal : le peu de patriotisme de certains campagnards
que l'égoïsme étouffe, ensuite le défaut d'énergie de nos
chefs. Les Prussiens ne se gênaient pas, ils prenaient, et
tandis que nous autres Français mourions de faim et de
froid, ils se nourrissaient et se gobergeaient grassement
chez nous, dans notre propre pays.

Il est 6 heures. Nous entrons au fumoir, où nous trouvons
le commandant Dollfus faisant un whist avec Robert Gros

et Sandherr. On nous offre un verre de madère avant de dîner. Je sors un moment, car on me demande; ce sont Blind et Ed. Kœchlin qui me supplient de leur donner un bout de bougie ou de chandelle. Je les ai rendus heureux en leur donnant une belle bougie de l'Etoile.

Chaque fois que je vois Edouard Kœchlin, j'en ai pitié; car il ne sait pas encore la mort de son frère Oscar à Belfort; Mansbendel, qui est chargé de la lui annoncer avec ménagements, n'a pas encore osé le faire.

On nous appelle pour le dîner et nous entrons dans la salle à manger. La table est admirablement servie, rien n'y manque, surtouts de table, réchauds, vases de fleurs, corbeilles de fruits, etc. C'est splendide. Je suis placé entre Robert Gros et Alfred Engel. Ont pris place à table le commandant Dollfus, M. de X..., capitaine d'état-major, Alfred Engel, R. Gros, Sandherr, Jaquinot, Hérisson, Ziegler, le major Lothammer, le Dr Ehrmann et nous tous. Les vins de Bourgogne, Bordeaux, Champagne sortent de la cave du propriétaire. Au rôti, le commandant Dollfus se lève et prononce un petit discours de circonstance, entremêlé d'allusions sur la guerre, la politique, la discipline, etc., et il finit en remerciant, au nom du bataillon et en son nom, l'ambulance de Mulhouse d'être venue partager leurs périls et les aider de leurs ressources. Il porte aux nues notre conduite pendant la bataille de Villersexel et finit en criant: « Vive la France! » Aussitôt après, la musique du bataillon, qui est dans une chambre voisine, se met à jouer la *Marseillaise*. Puis, le Dr Ehrmann se lève à son tour. Il remercie le commandant Dollfus des paroles qu'il vient de prononcer. Il proteste en son nom et au nôtre de tout son dévouement, promet qu'il ne faillira pas, ni ses compagnons, à la tâche qu'il s'est imposée, et émet le vœu que le bataillon ne nous donne rien à faire, etc.

La musique joue le N° 17, l'air des pompiers de Mulhouse, et .... va se coucher après avoir bu un coup.

Tout d'un coup, on appelle en toute hâte le commandant Dollfus; on lui dit à l'oreille, mais assez haut pour que tout le monde puisse l'entendre, que le propriétaire de la maison vient d'arriver! Le commandant se précipite à la cuisine et il en revient avec un vieux monsieur, à lunettes, coiffé d'un grand chapeau mou, revêtu d'une longue houppelande et tenant à la main une grosse canne à pommeau d'argent. Tout le monde se lève respectueusement, mais les premiers mots que prononce le soi-disant propriétaire excitent l'hilarité de toute l'assistance. C'est Alfred Engel qui s'est ainsi déguisé.

La soirée promet d'être joyeuse, mais un incident imprévu vient refroidir notre gaîté. Un quart d'heure après la farce d'Alfred Engel, la porte s'ouvre avec fracas, un officier du bataillon, X..., se précipite dans la salle, en criant : « Aux armes, Messieurs, aux armes! » Tout le monde se lève, effaré, et demande à X... si ce n'est pas une plaisanterie. « Non, Messieurs, aux armes! » Les officiers sautent sur leurs épées et le capitaine d'état-major se dispose à aller aux nouvelles au quartier général, quand revient X..., nous avouant que c'est une plaisanterie. Le commandant se précipite sur lui, le tient un moment au collet et le menace d'une sévère réprimande. On ne fait pas de ces plaisanteries, lorsqu'on n'est qu'à une ou deux lieues de l'ennemi! Le reste de la soirée s'est passé assez tristement. Le capitaine d'état-major, qui était allé quand même au quartier général, nous fait dire deux heures après qu'on passera encore la journée du lendemain à Vellechevreux.

A 10 heures, nous sommes couchés. Impossible de dormir, une dysenterie, qui me mine depuis quelques jours, me fatigue énormément; de la terrasse du château j'entends distinctement le canon de Belfort, c'est un roulement presque continu. On a envie de crier à ces pauvres Belfortains : « Attendez, du courage, nous arrivons ! » Hélas, nous n'en prenons pas le chemin et nous ne nous doutons pas en ce moment que la lenteur désespérante, avec laquelle nous opérons notre marche, doit précipiter aussitôt la fin de cette campagne. Nos étapes ne sont guère que de une ou deux lieues par jour depuis Villersexel. Le mauvais état des routes, la neige, le verglas y sont bien pour quelque chose, mais aussi pourquoi ne pas envoyer en avant des compagnies de pionniers pour organiser les routes, piocher dans le verglas, les chevaux ne s'abattraient pas en si grandes quantités et on rattraperait le temps perdu à Nevers, Saincaize et Dôle !

Vellechevreux, 11 Janvier 1871. — A 8 heures, ce matin, je vais à la corvée avec Geisen et Trapp et nous revenons avec de magnifiques quartiers de lard et de viande, du sel, du sucre, du café et du riz. Geisen s'était mis en bons rapports avec le sergent distributeur et nous sommes toujours très bien servis. Le café est toujours très bon, mais le riz est horriblement sale.

Nous profitons de cette journée pour arranger nos fourgons, la pharmacie et nos objets de pansement.

Je vois passer ce malheureux Edouard Kœchlin, tout en larmes. Le commandant Dollfus vient de l'informer de la mort de son frère. Nous faisons notre possible pour le consoler et nous nous instituons les infirmiers de son cœur bien déchiré.

Nous voyons arriver la vieille Catherine du bataillon avec d'énormes ballots de commissions et de lettres pour les amis. Les ballots renferment des vêtements, du linge et des paquets divers. Je reçois deux lettres de la maison, datées des 15 et 20 décembre! Ce sont les premières depuis mon départ. Combien d'autres ont dû se perdre ou rester en route!

Devant une maison de Vellechevreux, nous voyons un break magnifique, carrosserie de Binder, de Paris, et dont une roue est complètement brisée. On a peint sur les côtés les mots : « Hauptquartier ». Si nous avions le temps de le rafistoler, nous l'annexerions avec plaisir.

Nous dînons de nouveau avec les officiers du bataillon. On fait appeler le fermier et on lui fait constater que toute la maison est en ordre, tout est en place et bien nettoyé (surtout la cave); on fait le compte de tout ce qui a été pris et consommé en provisions, vins, foin, avoine, etc., et on remet au fermier un mot pour le propriétaire en lui disant chez qui il pourra se faire payer, la guerre finie[1]. On lui donne également une belle gratification.

Ce soir, à 9 heures, nous recevons l'ordre de nous tenir prêts le lendemain matin, à 6 heures. Le docteur, qui

---

[1] M. Alfred Engel, qui a été chargé de faire le paiement, en possède le reçu. Il l'a fait encadrer.

revient du quartier général, nous dit que cela va chauffer de nouveau et que dès le matin on sera aux prises avec l'ennemi. Nous nous endormons au bruit du canon de Belfort qui se fait entendre encore plus fortement que la veille.

Grange-la-Ville, 12 Janvier 1871. — Nous sommes prêts à 6 heures, mais ne partons qu'à 7 heures. Nous nous mettons tous aux roues des fourgons pour les descendre. A peine sortons-nous du village, que nous entendons résonner le canon, à une ou deux lieues de distance. Le pays est très montagneux et la marche très pénible, les chevaux sont éreintés déjà. Le canon devient de plus en plus distinct. Nous arrivons à Senargent, où le propriétaire d'une ferme nous dit que l'action doit être engagée du côté de Saulnot; les Prussiens qui étaient ici encore hier soir, reculent de plus en plus. Ils ont, paraît-il, peur de l'armée de Bourbaki. Le quartier général nous fait dire de nous diriger sur Granges-le-Bourg, tandis que l'ambulance militaire doit aller à Secenans et Crevans. Nous nous arrêtons à Grange-la-Ville qui est en face, à cinq minutes de Grange-le-Bourg, situé sur la hauteur, et allons aux renseignements. La neige est tombée en grande abondance pendant toute la nuit et, dans les champs, on en a jusqu'aux genoux. Nous montons au château en ruines de Grange-le-Bourg et de là, nous jouissons d'un panorama admirable. Avec nos lorgnettes, nous distinguons au loin les Prussiens, d'abord en ligne de bataille, puis en pleine débandade, évacuant précipitamment Saulnot et poursuivis par les zouaves, la baïonnette en avant. C'est encore une victoire! A l'endroit où nous sommes, campe le bataillon du Haut-Rhin, dont je salue plusieurs amis, Gluck, Daniel Baumgartner, Filbert, Munsch, Alb. Kœchlin, Emile Ziegler, etc.

Le docteur et Wolff sont allés à Crevans pour voir s'il n'y avait rien à faire ; ils y ont trouvé les médecins militaires en train de soigner une dizaine de blessés qu'on leur a envoyés ; ils nous ont rejoints à 5 heures et nous nous installons dans la maison d'un riche cultivateur. Le docteur y trouve un lit et me force à prendre un autre lit vacant, me trouvant très affaibli par ma dysenterie agrémentée d'un fort point de côté.

Le canon tonne toujours, mais on n'avance plus et ce retard nous inquiète. Depuis Villersexel, on ne fait plus que de petites étapes. On crie beaucoup contre l'idée d'opérer avec des masses d'hommes, mais il me semble que si toute l'armée se jetait résolument en avant avec ses 140,000 hommes, l'effet serait foudroyant, car d'après ce que disent tous les habitants des villages que nous traversons, les Prussiens se retirent et se replient avec une terreur non déguisée [1].

Au milieu de la nuit, l'ordre arrive d'aller cantonner le lendemain à Saulnot.

---

[1] On a reproché au général Bourbaki d'avoir perdu 24 heures après sa victoire à fouiller les villages environnants pour en déloger les derniers ennemis. Il est assez difficile, à distance, d'apprécier s'il y a eu là une faute commise. Ce qui paraît probable, c'est que le général en chef a été obligé d'attendre à Villersexel ses approvisionnements. Déjà, en effet, se produisaient dans le ravitaillement de l'armée ces lenteurs et ces irrégularités qui devaient bientôt être si fatales. Or, le pays était trop pauvre et la saison trop rude pour qu'on pût facilement suppléer aux fournitures de l'intendance.

(Ch. de Freycinet, *La Guerre en Province*.)

Saulnot, 13 Janvier 1871. — Nous sommes partis ce matin, à 6 heures. Les routes sont bordées de retranchements. Devant toutes les maisons s'élèvent des barricades. Devant l'une d'entre elles, le propriétaire est encore occupé à consolider la sienne avec ardeur. Il nous invite à prendre un verre de madère. Nous avons accepté avec reconnaissance, car nous n'avons encore rien de chaud dans l'estomac.

A partir de Grange-la-Ville, nous entrons dans une région plus riche et plus patriotique. Je constate que le paysan, contrairement à ce que nous avons vu jusqu'à présent, nous accueille à bras ouverts, et comme on doit accueillir des compatriotes.

Je suis réellement malade, je tousse horriblement. Le docteur m'ausculte, me pose des « Vlinsi » et des « Rigolots ». Il me force à rester dans l'omnibus. Mais à certains endroits, les pentes sont tellement raides qu'il faut dételer les chevaux, enrayer les roues avec des cordes et s'atteler soi-même aux voitures. Enfin, à force de tirer, de pousser, nous arrivons à Saulnot. Les maisons sont criblées de projectiles, de balles et d'obus, l'une d'elle brûle encore. L'engagement a été vif. De temps en temps, on ramasse par terre un schako de landwehr et il y a encore quelques cadavres dans les rues. Les blessés ont été ramassés et sont soignés dans les maisons. Chaque habitant a voulu avoir le sien! Braves gens, ils se multiplient pour aller au-devant de nos désirs. On ne réquisitionne pas, ils offrent de tout leur cœur et notre armée se trouve bien chez elle, à Saulnot. Le village de Saulnot est grand et riche. Au milieu du village, sur une grande place, s'élèvent la mairie et la maison d'école, dont l'architecture soignée étonne pour un village.

Une certaine quantité de blessés, français et allemands, sont couchés dans les salles ; la plupart ont été soignés passagèrement par l'ambulance de la 1re division ; aussi notre arrivée et celle de l'ambulance militaire leur met-elle un baume sur le cœur.

Nous établissons nos quartiers dans un grand bâtiment, à l'aspect seigneurial. C'est un tissage à bras, appartenant à la Maison Méquillet, Noblot & Cie, d'Héricourt. Il y a beaucoup de chambres libres. Les escaliers sont en pierre, rampes en fer forgé, les portes et lambris en bois sculpté. Nous montons au premier étage. Sur une porte est écrit à la craie : « Major von Stulpnitz, 4 Männer ». La chambre est remplie de paille et l'odeur y est nauséabonde. Nous ouvrons toutes les fenêtres pour faire entrer le bon air. Une autre chambre, plus riante, avec un lit, se trouve à côté ; c'est très confortable, un lit, un fauteuil, une bibliothèque. Ce sera pour le docteur. Mais l'homme propose, et ... les généraux disposent. Arrivent, en effet, trois officiers accompagnés du maire de Saulnot ; ils nous font comprendre que cette maison est retenue. Le docteur leur répond qu'il a un malade avec nous, et m'exhibe ; j'avais l'air assez piteux, en effet, et j'étais tremblant de fièvre. Mais le maire finit par nous dire que le cantonnement est retenu pour le général Thornton. « Ah ! si c'est pour le général Thornton, répond le docteur, dites-lui bien que l'ambulance de Mulhouse se retire devant lui avec plaisir ». Sur ce, le maire de Saulnot nous aide à chercher autre chose. Il trouve un lit pour moi, et Munsch, se constituant mon garde-malade, m'y installe. Il fait un froid intense.

Pas de chance ! Il paraît que mon lit a été retenu par un

commandant des Deux-Sèvres, qui arrive à 9 heures ; il veut nous faire déguerpir, mais me voyant très malade, il est resté toute la nuit devant le feu de la cuisine. Nous lui avons prêté des couvertures, et le lendemain nous étions très bons amis. Je n'ai pas dormi cette nuit, mais je me suis reposé.

Trémoins, 14 Janvier 1871. — Nous sommes debout à 6 heures ce matin et nous allons rejoindre le docteur qui me trouve mieux. Il me fait prendre une grande tasse de café chaud et un verre de cognac.

A 7 heures, le général Thornton et la brigade sont partis. On apporte des villages voisins des blessés qu'on met dans les salles d'école. Il faut les soigner et le départ des ambulances s'en trouve retardé. Il y a quelques Allemands parmi ces blessés. Nous leur demandons s'ils n'ont rien à faire dire chez eux ; on leur a soigné l'envoi de plusieurs lettres. Ils ont été très bien soignés par deux sœurs de charité et des femmes du village.

Il y avait là un turco avec la jambe coupée, un tout jeune zouave horriblement blessé à la poitrine, quelques artilleurs également blessés, mais pas très grièvement. Ce sont principalement des coups de balles. Au fond de la salle, le docteur Ehrmann et le docteur militaire Dezon sont arrêtés devant un petit chasseur ; ils discutent sur l'opportunité d'amputer le bras et le docteur Dezon est l'avis de le faire immédiatement. Le pauvre petit jetait des regards suppliants et remplis de larmes vers le Dr Ehrmann, qui penchait pour la résection. Nous n'avons pas le temps, disait le Dr Dezon. Enfin, le Dr Ehrmann l'emporte et commence son opération, tandis que le Dr Dezon le regarde d'un air narquois. La résection a été faite d'une manière très habile, très leste, sans un cri poussé par le patient, et l'opération finie, les deux docteurs se sont serré la main; combien de ces bras et de ces jambes ont dû être amputés sans nécessité! Combien de blessés, ayant encore une longue vie devant eux, sont morts à la suite d'une amputation! Que de progrès la chirurgie a encore à faire!

Après avoir mis la dernière main aux pansements de tous ces blessés, nous partons de Saulnot à 9 heures. Nous marchons très lentement et avec circonspection; le canon semble assez rapproché, mais, malgré le froid, les soldats sont joyeux et pleins d'entrain. Demain soir, nous serons à Héricourt, après-demain à Belfort, disons-nous, et dans trois ou quatre jours à Mulhouse! Notre imagination bat la campagne, nous nous voyons déjà à Nancy, coupant les vivres aux Prussiens!

Nous arrivons à une sorte de défilé, assez étroit, et nous entendons le canon plus distinctement encore. Il y a un écho bizarre; les obus semblent passer au-dessus de nos têtes et nous entendons les deux sons si différents des obus français et des obus allemands. L'ambulance militaire nous précède et quelques voitures de convoyeurs nous suivent. Nous marchons avec hésitation et nous demandons si nous sommes bien dans le bon chemin. Enfin, nous arrivons au Vernois. Halte! nous nous trouvons en plein convoi de vivres et de munitions, les voitures de bagages du bataillon de Mulhouse, les waguemestres, etc.

Nous attendons pendant une demi-heure avant de pouvoir avancer d'un pas.

6

Nous sommes maintenant dans un ravin assez profond.
Nous montons à quelques-uns sur la hauteur et nous voyons
des troupes en masses compactes défiler au loin. Derrière
une autre petite hauteur, nous apercevons distinctement la
fumée du canon. Nous ne sommes pas à plus d'une demi-
heure de l'action. Je regarde ma carte et je vois que nous
ne sommes pas loin de Trémoins. Je propose à Spœrry et à
Munsch de venir avec moi chez mon cousin Rebillard, le
pasteur de Trémoins. J'ai hâte de me mettre au coin d'un
bon feu et de rester tranquille un moment! Je suis éreinté,
j'ai des points partout et ma dysenterie me mine de plus en
plus. Le docteur m'engage fortement à y aller et je lui pro-
mets de préparer de la place pour notre ambulance. Nous
voilà donc partis les trois. A Aibre, je demande à m'orienter
et au bout d'une demi-heure, nous arrivons à Trémoins. Je
n'ai pas de peine à trouver le presbytère. Nous entrons
dans la cour, personne! Je tourne autour de la maison et
j'aperçois Henri Rebillard fils[1] et sa mère occupés à ramasser des éclats d'obus. Mon cousin était au grenier en
observation. Leur étonnement est grand en me voyant arriver et ils ont eu de la peine à me reconnaître. Dans le
cabinet de travail, ma cousine nous sert un délicieux vin
chaud et du jambon froid. Je m'étale sur le sopha comme
un bienheureux.

Le presbytère est déjà pris par l'ambulance du grand
quartier général, mais nous trouvons néanmoins de la place
pour nous loger, avec nos chevaux et nos fourgons. Le
docteur aura son lit et les autres seront logés chez le tailleur du village.

---

[1] Actuellement docteur en médecine à Héricourt.

Le docteur et le reste de notre ambulance arrivent au bout d'une heure. Mon cousin a fait un journal de ce qui s'est passé quotidiennement depuis le commencement de la campagne, et voici ce qu'il nous raconte :

Après les victoires de Villersexel, Esprels et Saulnot, il y a eu un nouveau combat avant Arcey, bourg situé à la croisée des routes de Villersexel et de Belfort à l'Isle-sur-le-Doubs. Ce bourg, par les accidents de terrain et ses maisons anciennes solidement bâties, offrait énormément de ressources pour une défense bien organisée. Aussi les Prussiens qui l'occupaient s'y étaient très fortement retranchés après la victoire de Villersexel. Leur artillerie, placée à droite et à gauche du village, était appuyée contre les bois, et défendait non seulement Arcey, mais encore la route d'Héricourt et de Belfort. La veille, le général Bourbaki avait garni d'artillerie les bois immenses qu'on voit en avant d'Arcey. Le 13 janvier, au matin, le jour où nous étions partis de Vellechevreux, à 9 heures du matin, l'attaque générale avait commencé ; le temps était splendide, beau ciel, beau soleil, mais un froid de vingt degrés ; la canonnade se faisait entendre sur toute la ligne, plus vivement cependant à gauche, du côté de Gonvillars. Le front d'attaque s'étendait sur plus de cinq kilomètres. Notre artillerie était cachée dans le bois de Marvelise et lançait une masse considérable d'obus sur le bois du Mont et sur Arcey dont plusieurs maisons ont brûlé. Pendant ce temps, notre infanterie glissait le long du bois de Marvelise, pour aller surprendre les Prussiens. L'artillerie ennemie répondait par un feu très nourri, mais elle fut bientôt réduite au silence et obligée de se replier en abandonnant la position d'Arcey.

Dans ce moment-là, les Prussiens occupaient encore Trémoins et tous les villages environnants. Mais nos braves troupes, émoustillées par les avantages successifs qu'elles venaient de remporter, avaient conquis successivement les positions de Desandans, Semondans, Aibre, Echenans et St-Julien; elles marchaient avec un entrain admirable, malgré les souffrances que leur causait la température glaciale du moment. Mon cousin ajouta que, jamais de sa vie, il n'oublierait ce spectacle : « les Français entrant à Trémoins ». Les Prussiens avaient quitté précipitamment Trémoins, Byans, Tavey, poursuivis par le torrent impétueux des Français; il ne restait plus un seul Allemand dans le village, le canon grondait toujours et tout le village était sur pieds; après ce départ précipité des ennemis, on s'attendait généralement à quelque chose d'extraordinaire. Tout à coup, quelques habitants s'écrient : « Voilà les Français, vive la France ! »

En effet, dix minutes après, entrait au village, un lieutenant de mobiles, suivi de suite après par ses hommes. On les accueilla avec enthousiasme comme des sauveurs. Le lieutenant serre la main de mon cousin, en lui disant qu'il est heureux d'avoir été le premier à lui annoncer sa délivrance. Quelques maisons ont été atteintes à Trémoins, l'église et le presbytère particulièrement. Mon cousin me fait voir plusieurs cadavres prussiens qu'on n'avait pas encore enlevés; on devait les enterrer cette nuit.

Aussitôt après l'entrée des Français dans Trémoins, le village, au bout de peu de temps, s'est trouvé bondé de troupes. Le grand quartier général s'y est établi, et les blessés commencent à arriver en masses. Ma cousine nous a offert à souper, une bonne panade, un cochon de lait qu'elle avait en réserve et de la salade.

Brave cousine, elle offre tout cela de bon cœur, sans songer à ce qui lui restera plus tard !

Trémoins, 15 Janvier 1871. — J'ai parfaitement dormi et le docteur est venu m'ausculter. Il ne me trouve pas bien encore et m'engage à rester couché. Mais, à $9\frac{1}{2}$ heures je n'y tiens plus, cette inactivité me pèse, et je vais rejoindre les autres, qui sont en pleines fonctions. Les blessés sont nombreux.

Je vois arriver M. Engel-Dollfus qui a voyagé en voiture depuis Mulhouse en passant par Porrentruy, il est venu voir son fils Alfred et apporte une masse de choses aux amis.

Les blessés, et surtout les malades commencent à affluer à Trémoins où il y a maintenant trois ambulances, celle du grand quartier, l'ambulance militaire de la 2e division et la nôtre.

Nous commençons à soigner les pieds gelés, il y en a en quantité. Tous ces pauvres diables qu'on laisse toute une nuit aux avant-postes, les pieds dans la neige, sans pouvoir allumer un brin de feu ; c'est horrible et c'est une horrible maladie !

La variole sévit également avec une grande intensité. Nous voyons un pauvre artilleur dont la figure est toute noire. Pour ce malheureux, il n'y a plus rien à faire, nous dit le docteur, il est perdu, et n'a plus que trois ou quatre heures à vivre ; en effet, quatre heures après, on l'enterrait ; le pauvre diable avait probablement frappé à toutes les portes inutilement et il mourait lentement, à petit feu, sur le bord de la route. Un autre, mobile des Deux-Sèvres, avait la figure remplie de boutons purulents, horrible à voir ; nous l'avons recueilli, installé dans une étable vide et lui avons fait du feu ! Je ne l'ai plus revu.

Le docteur a fait installer une nouvelle ambulance dans une maison du village et nous y utilisons nos housses de lit que nous bourrons de paille ; cela fait de très bons matelas. On nous y amène, entre autres, Ferd. Zeissolff, franc-tireur, qui avait une balle dans la cuisse, que le docteur extrait séance tenante. On amène également au presbytère un jeune commandant des mobiles de la Haute-Saône. C'est un homme de 34 ans, marié, père de trois enfants, portant un nom à particule. Il a une balle en pleine poitrine. On l'installe dans la salle à manger sur un matelas, en compagnie d'autres blessés. Il est agonisant et n'est mort que deux jours après, au moment où sa famille venait le chercher dans une berline, disposée en lit à l'intérieur. Sa famille habite, paraît-il, un château à trois ou quatre lieues d'Héricourt.

Le presbytère est continuellement rempli de soldats venant demander à manger, à boire ; la cuisine regorge de soldats, d'infirmiers, faisant leur popote, c'est un va-et-vient continuel, et ma pauvre cousine ne sait plus où donner de la tête.

Je vois arriver Léon Schein, franc-tireur, n'en pouvant plus, étouffant ; il avait une bronchite effroyable. Je l'installe sur un de nos matelas, dans la chambre du docteur, avec sa grande chienne, superbe épagneul, qui ne le quitte pas d'une semelle. Il me raconte que, à l'endroit où il se trouvait, il ne pouvait plus résister, et se trouvait à peu près seul. On avait envoyé sa compagnie aux avant-postes, avec promesse de les appuyer. Malheureusement, le général Vivenot avait complètement oublié la compagnie des francs-tireurs du Haut-Rhin et la compagnie d'appui qu'il devait lui envoyer. Aussi, de 160 qu'ils étaient, ces pauvres diables sont revenus à 70. C'est dans cet engagement que le commandant de la Haute-Saône qui était un ami de Schein s'est fait tuer. Schein, tout en me causant, me loue beaucoup la conduite de Zeyssolff dans cette affaire, et par-dessus tout, celle de sa chienne qui le suivait partout, au milieu des obus et des balles. Charles Hofer est venu deux ou trois fois voir son ami Schein qui, ce soir, soupe avec nous.

Le canon tonne toujours, mais mon cousin Rebillard hoche la tête, il trouve que cela dure trop longtemps; il me semble aussi qu'on aurait dû avancer; il doit y avoir une anicroche quelque part. Le docteur lui-même fait part de ses appréhensions au docteur Mouillac, médecin en chef de l'armée, qui lui dit que le 18e corps, général Billot, est en retard, on l'attend pour commencer l'attaque générale. Ce soir, nous nous couchons rêvant victoire et nous promettant d'aller passer la nuit le lendemain à Héricourt où le docteur faisait déjà ses plans pour établir une ambulance. Enfin, nous étions remplis d'espoir.

Trémoins, 16 Janvier 1871. — Nos malades et blessés sont en si grande quantité, qu'il faut songer à les évacuer. L'intendance nous donne l'autorisation de réquisitionner des voitures. Nous en trouvons un certain nombre et nous chargeons J.-J. Læderich d'accompagner le convoi jusqu'à Clerval. Il part avec un infirmier de l'ambulance lyonnaise et 38 voitures contenant 150 blessés et malades ; nous lui donnons rendez-vous à Héricourt[1].

Nouvelle conversation avec le docteur Mouillac qui nous assure que le 18ᵉ corps est enfin arrivé. On opère en ce

---

[1] J.-J. Læderich nous a donné la relation suivante des diverses péripéties de son voyage :

« Je suis arrivé avec mon convoi de 38 voitures de blessés à l'Isle-sur-le-Doubs, où je n'ai trouvé de place que pour quelques hommes les plus gravement atteints, et, à 9 heures du soir, après un frugal repas, je me suis engagé avec mon convoi le long du chemin de halage du canal du Rhône au Rhin. Plusieurs voitures, entre autres celle où je venais de m'installer, avaient glissé en bas du talus, dans le canal, qui heureusement était gelé. Je suis arrivé à 3 heures du matin à Clerval où, après avoir installé mes blessés dans une ambulance, j'ai passé la nuit dans un vrai taudis, en compagnie de quelques officiers de subsistance.

« Le lendemain, 17 janvier, au matin, par une pluie torrentielle, je retourne à l'ambulance, puis à la gare pour procéder à l'embarquement de mes hommes ; dans une petite auberge, je déjeûne et écris une lettre à la maison. Je retourne ensuite à mon cantonnement et je passe toute l'après-midi, assis sur une botte de paille, à l'étable. Le 18 janvier, à midi, un entrepreneur de trains auxiliaires consent à me prendre dans sa carriole. Tout va bien jusqu'à l'Isle-sur-le-Doubs, mais là, nous apprenons que l'armée, après deux jours de souffrances devant Héricourt et Montbéliard, battait en retraite ; aussitôt mon officier tourne bride avec son convoi. Me voilà seul sur la route ; je gagne à pied Arcey, où se trouve l'état-major du 20ᵉ corps, et toute la soirée se passe en démarches auprès du quartier général, de l'intendance et du médecin en chef, à l'effet de retrouver l'ambulance de Mulhouse.

« M. Brodhag, d'Ottmarsheim, que je rencontre et qui venait apporter des bagages aux mobiles du Haut-Rhin, partage avec moi un bouillon et une botte de paille pour la nuit. Le 19 janvier, d'après les indications que j'ai pu enfin obtenir de l'intendance, je pars, dès 4 heures, pour Onans, où, après avoir parcouru tout le village, je m'installe dans une maison sur le bord de la route. J'y trouve un cordial accueil et un chaud déjeûner. Vers 11 heures enfin, l'ambulance de Mulhouse vient à passer, à ma grande satisfaction. »

moment un mouvement tournant derrière la position d'Héricourt et d'ici à ce soir, toute l'armée allemande sera enfermée dans un cercle formidable! On dit que Montbéliard est entre nos mains, que Garibaldi est aux prises avec une partie de l'armée de Werder. Mais le dénouement se fait bien attendre!

Je suis dans le cabinet de travail de mon cousin qui, tout à coup, pousse un cri: «Nous sommes perdus! Les Français reculent!» En effet, nous voyons des fourgons passer au grand trot, des batteries qui vont s'établir en face sur la colline, les fourgons de munitions reculent vers le bois. Mais c'est une fausse alerte, et renseignements pris, c'est un mouvement destiné à se mettre en réserve.

Je vais faire un tour à l'ambulance. Toujours grande affluence de blessés et de malades surtout. Nous remarquons passablement de mobiles, arrivant tous avec l'index de la main droite emporté, quelques-uns avec le doigt du milieu en moins. Cela nous paraît singulier, car leurs fusils sont intacts et n'ont pas éclaté entre leurs mains.

Le docteur Dezon nous dit qu'il a constaté le même fait dans son ambulance et dans le même régiment. Ces mobiles, pour ne plus être forcés de retourner au feu, avaient mis leur doigt au bout du canon du fusil, lâchaient le coup et se privaient volontairement d'un doigt.

M. Engel-Dollfus prend congé de nous pour retourner à Mulhouse. Il part avec le ferme espoir de nous revoir bientôt arriver triomphants à Mulhouse! La femme chez laquelle il avait passé la nuit en compagnie d'autres infirmiers est très pauvre et a fait son possible pour rendre son intérieur agréable. Aussi fut-elle largement récompensée de ses peines par M. Engel qui remet également à mon cousin Rebillard 300 Fr. pour les pauvres de Trémoins. J'ai remis à M. Engel une lettre pour mes parents.

La mère Catherine est revenue ici avec une nouvelle cargaison de lettres et de commissions.

Nous venons de voir à l'instant le Dr Mouillac. Il nous répète que l'armée prussienne est complètement enveloppée; sa retraite est coupée. Il n'y a plus qu'une position à enlever, mais elle est formidable. Le général Bourbaki est décidé à agir, il lui faut 10,000 hommes pour enlever la position et on lui a désigné, comme étant l'élite de l'armée, les deux bataillons du Haut-Rhin, les zouaves, un bataillon lyonnais, les Deux-Sèvres et un bataillon de chasseurs.

Cependant, il semble qu'il y ait du tirage. Mon cousin Rebillard me dit : « Vois-tu, si tout allait aussi bien qu'on le dit, on serait à Héricourt depuis longtemps, ce n'est pas si loin et ce n'est pas avec des soldats gelés et découragés qu'on peut donner un pareil coup de collier! » Je suis bien de son avis. Deux heures après, le canon se tait petit à petit. Un curé de l'ambulance de la Haute-Saône arrive tout à coup, il est haletant et entre comme un fou, pâle comme la mort. Il nous crie : « Messieurs, nous sommes perdus, on recule, je viens de Byans; les Prussiens lancent des bombes à pétrole, ils ont reçu des renforts considérables! » Le docteur court immédiatement avec le curé au quartier général pour avoir des renseignements plus précis. Là, tout le monde est en l'air et gesticule! Le docteur Mouillac lui dit: « Mon Dieu! on est forcé de reculer un peu, les Prussiens viennent de recevoir énormément de renforts. Au lieu de 40,000 hommes que nous leur estimions, ils en ont maintenant 80,000, qui seront toujours plus forts que nos pauvres troupes harassées. On va prendre une décision immédiatement, parce qu'on croit que Frédéric-Charles veut nous prendre en écharpe par Gray. On va probablement tâcher de tourner l'ennemi d'un autre côté; dans tous les cas, votre place, je crois, n'est plus ici pour demain; préparez-vous à recevoir ce soir votre ordre de départ. » Le docteur est atterré et rentre au presbytère. Mes cousins se mettent à organiser tout, en cas de retour offensif de l'ennemi; nous soupons bien tristement avec le curé et Schein et nous attendons les ordres; ils arrivent à 9 heures. Ordre nous est donné de nous tenir prêts à tout événement, ne pas nous déshabiller et tenir les chevaux tout attelés. L'ennemi bombarde Byans avec des bombes à pétrole, et ce sera peut-être bientôt le tour de Trémoins.

Je sors dans le jardin et vais un peu sur la hauteur. Le silence est mortel, interrompu de temps en temps par le canon de Belfort qui tire faiblement. Tout au loin, je vois des fusées lancées de plusieurs points, elles sont de différentes couleurs et ne font aucun bruit. Ce sont des signaux de l'ennemi. Je ne vois aucune lueur d'incendie du côté de Byans et j'espère encore! Je rentre. Mon cousin, ma cousine, Henri et le grand-père Rebillard attendent, mornes et fatigués; à force d'instance, ils consentent à se coucher tout habillés sur leurs lits.

17 Janvier 1871. — J'ai dormi toute la nuit, habillé, dans un fauteuil et me suis réveillé ce matin, à 6 heures. Le jour tout paraît moins effrayant et nous sommes moins accablés, plus confiants.

Je prends congé de mes cousins, leur souhaite bonne

chance et je vais rejoindre l'ambulance. Mon cousin m'accompagne jusqu'au bout du village. Nous partons en même temps que les fourgons de l'intendance. Ces fourgons sont remplis de vivres de toutes sortes, une voiture à échelles est remplie de miches de pain. Nous passons devant une maison, aux volets hermétiquement fermés, et devant laquelle nous reconnaissons les fourgons et les omnibus de l'ambulance militaire; ils ne sont pas attelés. Nous entrons; médecins, infirmiers sont plongés dans le sommeil le plus profond. Ils n'avaient reçu aucun ordre et ne savaient même pas ce qui se passait. Ils s'organisent à la hâte et nous rejoignent une heure après.

Voilà, somme toute, ce qui s'est passé:

Werder s'était fortement retranché derrière la Luzine, entre Montbéliard et Héricourt, car il était facile de prévoir que le général de Werder, obligé de se replier devant des forces aussi considérables que l'armée de Bourbaki, se retirerait derrière la ligne de défense qu'il avait établie entre les deux points pour attendre des secours et couvrir Belfort, et, comme un fait exprès, les opérations de notre armée s'étaient faites avec une lenteur tellement désespérante que de Werder avait eu le temps de recevoir des renforts énormes qui affluaient de tous les côtés.

Les positions qu'il avait établies étaient protégées par un talus très profond, sur les pentes duquel il avait fait établir trois ou quatre étages de batteries d'artillerie, couverts de pièces de siège de gros calibre; cette position ainsi organisée, présentait une défense formidable. Pour mettre en opposition à ces énormes pièces de siège qui crachaient continuellement, balayaient très loin la rive droite de la

Luzine et envoyaient des obus jusqu'au milieu des bivouacs de nos soldats, nous n'avions à notre disposition que nos pièces de campagne, qui n'allaient que jusqu'au calibre de 12, et encore trouvait-on que c'était magnifique de pouvoir trimbaler ces énormes pièces; il est de fait qu'on a eu assez de mal à les transporter dans cette neige! D'un autre côté, le général de Werder avait fortement fortifié Montbéliard; il avait fait élever des ouvrages en terre, barricader les rues, il avait fortifié la citadelle, que notre génie militaire n'avait jamais voulu employer et qui aurait peut-être fait donner un autre cours à cette campagne en empêchant l'ennemi d'envahir le Lômont et par là le Jura.

Malgré tous ces désavantages, le général Bourbaki faisait exécuter une attaque générale depuis Montbéliard jusqu'au mont Vaudois, en cherchant à faire franchir la Luzine par nos troupes à Bethoncourt, Bussurel et Héricourt. Il paraît que dans ces engagements et dans ces essais nous avons perdu beaucoup de monde; la ligne de batteries ennemies qui était juste en face apparaissait tantôt comme un immense incendie, tantôt comme un grand voile de vapeur et de fumée noire. On était parvenu à s'emparer d'une partie de Montbéliard et d'un faubourg d'Héricourt, mais il fallut lâcher pied. Bourbaki fit recommencer la lutte le 16 et le 17, mais sans plus de résultat. Les Prussiens, dans tous ces engagements, ont subi d'énormes pertes. La situation devient de plus en plus critique, les Prussiens reçoivent des renforts considérables et il faut songer à la retraite.

Nos soldats sont découragés, démoralisés, les maladies de toutes sortes sévissent avec une intensité incroyable et sont développées encore par la rigueur de la saison et le dénuement le plus complet. Les bivouacs ont un aspect navrant. Les pauvres soldats, glacés, se groupent en se serrant les uns contre les autres autour de quelques feux, la plupart éteints, essayant de ranimer des charbons qui donnent de la fumée et pas de chaleur. Ils pleurent de froid et de fatigue; les officiers eux-mêmes ne sont pas épargnés et j'ai vu le commandant Dollfus qui avait passé deux ou

trois heures, immobile dans la neige, se plaignant d'avoir les pieds quasi gelés[1].

---

[1] La nuit du 15 fut terrible à passer à cause du froid, surtout pour les troupes stationnées sur les plateaux.

« Ce fut, dit le correspondant anglais du *Times*, la plus rude nuit que nous ayons eue, et il serait impossible de donner la moindre idée de nos souffrances — ... » Les Prussiens étaient distants de nos avant-postes de 800 mètres seulement, et nonobstant cette proximité, nous allumâmes des feux. Autour de ces feux se confondaient, sans distinction de rang, généraux, officiers et soldats, et jusqu'à des chevaux, également désireux tous de ne pas mourir de froid. Le thermomètre marquait —18°. Un fort vent aigu soufflait sur le plateau, chassant devant lui des nuages de neige, nous aveuglant et formant autour des hommes des petits tas dans lesquels ils étaient enfoncés jusqu'aux genoux.

(Ch. de Freycinet, *La Guerre en Province*.)

Enfin, il est impossible de garder la moindre illusion. Le moment où l'armée opèrera sa retraite n'est pas éloigné. Tout le fait pressentir, quoiqu'on tâche de persuader le soldat qu'on opère un mouvement tournant [1].

Aibre, 17 Janvier 1871. — Nous voilà décidément en pleine retraite! Que c'est triste, avoir combattu pendant huit jours d'une façon brillante et en être réduit à faire son sac et à s'en aller on ne sait où?

Nous nous dirigeons sur Aibre. Là, on nous dit formellement qu'on opère un mouvement tournant, qu'au lieu de tomber directement sur Héricourt, on prendra d'abord Montbéliard, et que la bataille d'Héricourt n'a été qu'une fausse attaque. Nous finissons par en être nous-mêmes persuadés et nous nous laissons de nouveau aller aux plus folles espérances. Nous éprouvons même certains remords d'avoir osé accuser Bourbaki. Nous traversons le village de Aibre dont la population est consternée et pressent la ruine. Malgré cela, leur patriotisme n'en est pas moins fervent et ils donnent de bon cœur leurs dernières provisions aux pauvres malades et blessés.

Nous sortons de Aibre et suivons la route de Montbéliard; le canon résonne de nouveau avec force. Nous marchons à la suite d'un immense convoi d'artillerie. Le

[1] Il paraît avéré que si l'attaque avait été renouvelée, elle aurait abouti. Les officiers prussiens se croyaient perdus, dit M. Tallichet; tous leurs préparatifs de retraite étaient faits, lorsque Bourbaki perdit courage d'une manière inexplicable et se retira à peu de distance, ne pouvant se décider à tenter un grand et suprême effort ..... Bourbaki était plus démoralisé que son armée même.

froid est intense, le vent glacial, le ciel est couvert et il neige de temps en temps. A tout instant, les chevaux du train s'abattent, le convoi s'arrête, puis reprend sa marche. Un caisson, qui était trop près du bord de la route, s'abîme dans le fossé ; on s'efforce de le relever, de guerre lasse, on l'abandonne là. Nous nous arrêtons devant une maison abandonnée avec l'ambulance militaire et on nous donne l'ordre de serrer nos fourgons sur le bord de la route et dans les champs avoisinants pour laisser passer le 20e corps.

Nous attendons, les pieds dans la neige et la figure au vent. Le canon tonne toujours. On nous dit que c'est à Montbéliard. Vers midi, je suis accosté par un ouvrier cherchant le capitaine Thierry ; c'est un ouvrier de la maison Scheurer & Sahler, d'Audincourt, porteur d'un billet de M. Léon Sahler. Je l'envoie du côté de Tavey. Cet ouvrier m'a dit avoir passé par Montbéliard qui était occupé par les Français et dont le château est en flammes.

Nous continuons à voir passer des charrettes remplies de blessés, entassés les uns sur les autres, grelottant de fièvre, mourant de faim, de soif et de froid. Beaucoup ont les pieds gelés, d'autres sont blessés, soit par balles, soit par éclats d'obus, et sortent des différentes ambulances pour être évacués sur un point central. On les dirige sur Clerval, l'Isle-sur-le-Doubs et Beaume-les-Dames, Presque tous sont des soldats, quelques sous-officiers et deux ou trois officiers. Ils font entendre des gémissements lamentables arrachés par les cahots des voitures.

Pendant que je bats la semelle sur la route, je vois arriver une figure bien connue, c'est Louis Zorn, rédacteur de l'*Industriel Alsacien*, de Mulhouse. « Que faites-vous ici ?

Que fait-on à Mulhouse? Depuis quand êtes-vous ici?»
Zorn nous raconte que depuis la nouvelle de la victoire de
Villersexel, il était parti avec l'autorisation de suivre
l'armée, et d'envoyer ses comptes rendus à l'*Industriel*. Il
voit lui-même que sa mission est, hélas, finie, notre défaite
s'accentue de plus en plus, et il ne nous reste plus qu'à
opérer une retraite passable.

Je vois arriver un petit détachement d'une vingtaine de
mobiles, parmi lesquels je reconnais Oscar Walther et le
capitaine Kaltenbach. Ils viennent de Besançon où ils ont
passé un certain temps à l'hôpital. Walther débouche une
bonne bouteille de vin du Rhin qu'il a achetée à Besançon
et nous dégustons un petit verre ensemble. Ils repartent de
suite après, pour aller rejoindre la division du côté de Tavey.

Lassés d'attendre ainsi, les pieds dans la neige, nous entrons dans la maison et chacun, à tour de rôle, reste préposé à la garde des fourgons. Nous préparons notre repas,
tandis que les cochers font leur soupe au milieu de la neige.
Nous sommes heureux de manger quelque chose de chaud.

Il est 5 heures, nous entendons toujours le canon du côté
de Montbéliard. Cela chauffe là-bas, et nous, nous nous
croisons les bras.

L'armée défile sur la route, mais le pêle-mêle se met dans
les rangs et les différentes armes se mélangent déjà, on
pressent une retraite vertigineuse, malgré la peine que se
donne l'autorité militaire pour faire courir des bruits de
victoire ou de succès. Quelle tristesse de voir défiler tous
ces escadrons de cuirassiers, de chasseurs, tout à l'heure
encore si alertes, si joyeux, et maintenant, traînant leurs
chevaux exténués, éreintés et mourant de faim et de fatigue,

7

les pauvres moblots tombant, après quelques pas, sur un tas de pierres et restant là pendant des heures entières sans pouvoir faire un mouvement de plus. Il est 7 heures, notre division ne passe pas encore, et nous prenons le parti de retourner à Aibre pour y passer la nuit.

Geisen, Spœrry et moi allons à la recherche d'un cantonnement que nous trouvons sans peine. Les chevaux du fourgon ne veulent plus avancer, ils lancent ruades sur ruades ; nous sommes forcés de les dételer et de nous atteler nous-mêmes jusqu'à notre cantonnement. C'est une brave vieille femme qui nous reçoit, avec d'autant plus d'empressement que je me présente à elle comme le cousin du pasteur de Trémoins. Elle est aux petits soins pour nous, et veut absolument donner son lit au docteur Ehrmann. Elle nous cuit une délicieuse soupe aux pommes de terre. Le 4e bataillon arrive enfin. Le commandant Dollfus est parti pour Besançon avec Jaquinot, Alfred Engel, le capitaine Audran et Wenniger. Ils sont tous malades et fourbus, pieds gelés, dysenterie, bronchite, etc. Le colonel Dumas lui-même est malade, mais tient bon encore.

Nous sommes allés chercher cinq bottes de paille que nous disposons dans la chambre. Je me couche sous une table ayant mon sac pour oreiller, après avoir relavé toute notre vaisselle avec Trapp et Spœrry.

L'Isle-sur-le-Doubs, 18 Janvier 1871. — A 7 heures ce matin, je me réveille, après avoir passé une nuit atroce ; je suis éreinté, ma dysenterie ne me quitte pas. Le colonel Dumas, de plus en plus malade, est parti pour Besançon également.

Nous sommes prêts à nous remettre en marche. Des bruits sinistres circulent. On dit les Prussiens à nos trousses, et le prince Frédéric-Charles va, dit-on, nous couper la retraite. Nous nous demandons s'il ne vaudrait peut-être pas mieux se jeter de côté, aller à Quingey ou aller immédiatement à Besançon, peut-être à Pontarlier ou Salins pour y installer une ambulance fixe; mais nous sommes liés, bien liés à notre division. Outre notre titre d'ambulance de la 2e division du 20e corps, on nous a fait l'honneur de nous nommer ambulance du grand quartier général, pour nous donner encore plus d'autorité. Nous ne sommes donc plus libres de faire ce que nous voulons. Nous rendrions cependant des services plus efficaces en nous fixant dans un centre qui nous aurait présenté des ressources, tant en produits pharmaceutiques qu'en aliments de toutes sortes; d'autant plus que nous n'avons pas de destination propre en ce moment; le grand quartier général nous a parfaitement oubliés; nous ne savons même pas où la 2e division doit prendre ses cantonnements. Nous savons tout au plus qu'on se dirige sur Besançon en passant par Arcey, Onans, Clerval, etc. Tout cela est bien vague. Nous sommes en ce moment avec le 18e corps. Ce n'est plus une retraite, c'est la débandade, la fuite, et une fuite vertigineuse; les cuirassiers, les chasseurs à cheval, les zouaves, les mobiles, les chasseurs, tout cela marche pêle-mêle. Quand un cheval tombe, on ne se donne plus la peine de le remettre sur pieds, on le laisse là, aussi peut-on voir de chaque côté de la route des quantités de chevaux morts, sur le dos, les quatre fers en l'air; les maréchaux des régiments ne se donnent même plus la peine de leur enlever les fers. A quoi bon ! Une de ces pauvres bêtes est au milieu d'un champ, debout, les jambes écartées, le nez au vent et les oreilles dressées, il n'a plus que la peau sur les os et ne se tient debout que par miracle. Un officier en a pitié et donne l'ordre à un soldat de l'achever d'un coup de fusil. Le cheval tombe, mais il n'est pas mort ; le soldat s'est éloigné, mais le docteur écœuré s'avance, lui tranche la grosse veine et le laisse mourir tranquillement.

Au bout de deux heures d'une marche pénible, pataugeant dans la neige qui dégèle, nous arrivons à une bifurcation ; le train d'artillerie qui était devant nous a pris la route à droite, au grand trot, suivi des fourgons d'intendance et des voitures de convoyeurs. Nous restons à peu près seuls sur la route, avec les retardataires et la queue de la colonne. Nous voyons bientôt arriver le bataillon de chasseurs de notre division ; le commandant s'apprête à prendre également la route de droite. Le docteur aussitôt se précipite au-devant de lui, lui montre sa carte, et lui déconseille de prendre cette route. « Le train d'artillerie y a bien passé », dit le commandant. « Oui », riposte le docteur, « mais le train d'artillerie est au trot en ce moment, tandis que vous ne pourrez pas faire un pas de gymnastique éternel, et vous vous ferez pincer, car nous avons les Prussiens à dos à trois heures de chemin ». Le commandant persiste ; le docteur a beau lui montrer la carte et lui démontrer clairement qu'il fait fausse route, il part avec son bataillon par la route de droite [1].

---

[1] Nous avons appris plus tard que le bataillon de chasseurs avait fait une halte pour faire la soupe. Au bout d'une heure, ils ont été brusquement surpris par l'ennemi, et, après une résistance devenue inutile, faits prisonniers.

Nous arrivons à Arcey, toujours en pataugeant dans la neige qui fond sous les rayons ardents du soleil.

Quel encombrement de caissons, de voitures, c'est affreux ! Nous passons à travers le village ; on y voit encore les traces fumantes du dernier combat, des maisons détruites, des toits défoncés ; des paysans avec tout leur ménage dehors sur la route, un tohu-bohu général, les femmes pleurant, criant, gesticulant, des hommes travaillant déjà à reconstruire tant bien que mal. Nous voyons encore les formidables retranchements que s'étaient construits les Prussiens ; la position a dû être dure à enlever. A cinq ou six kilomètres plus loin qu'Arcey, nouvelle bifurcation. Nous consultons nos cartes. Nous sommes bien, il est vrai, avec les troupes, mais il n'y a plus de direction. On prend le chemin qu'on veut. Nous prenons la route d'Onans qui est un chemin vicinal, et c'est alors que commencent les difficultés. La neige était tombée en grande abondance et le dégel est arrivé brusquement. Aussi le sol, piétiné par des milliers de soldats, ne forme-t-il plus qu'une bòue horrible. Je chemine, triste, morne et découragé, côte à côte avec un vieux volontaire de 72 ans, ancien tailleur à Lyon ; il a des jarrets d'acier et ne fait que chanter pour encourager ses camarades. Nous voyons, au bord de la route, le cadavre hideux d'un pauvre moblot, rongé par la variole, tout noir et visqueux. Il devait être mort depuis longtemps et personne ne songeait à l'enterrer. Au contraire, on détournait la tête de ce spectacle effrayant et on passait vite. Plus loin, des chevaux en quantité, les uns morts, les autres se débattant encore. A Onans, nous retrouvons J.-J. Læderich.

Nous ne faisons que descendre, monter pour redescendre

encore, au milieu de ravins et de chemins impossibles. Pour combler le malheur, la pluie commence à tomber. Ce n'est plus de la boue, c'est maintenant un véritable torrent, et l'aspect du ciel ne nous laisse guère espérer une accalmie quelconque.

Enfin, au bout de deux bonnes heures de marche, pour ainsi dire forcée, nous arrivons à un pauvre village. C'est Faimbes. Nous nous y engageons jusqu'à une place assez grande. Mais arrivés là, plus moyen d'avancer ni même de reculer. C'est un mélange incroyable de voitures de toutes sortes, de convoyeurs, de caissons, de fourgons, de la cavalerie, des soldats de toutes armes et de toutes divisions; il y en a de la 2e, de la 3e et même de la 4e division, des chasseurs à cheval, des cuirassiers, des lanciers, des trains d'équipage, qui sont tout étonnés de se trouver là et ne savent que faire. Il y a bien des officiers, mais ils sont débordés et n'ont pas d'ordres. Tout d'un coup, un passage s'ouvre au milieu de cette masse grouillante, c'est un général qui passe, suivi de son état-major et d'un piquet de chasseurs à cheval. Il passe sans regarder, morne, l'œil fixe. Un officier de son escorte se détache et demande à un capitaine:

« Quel corps ? Quelle division ? » « 2e du 20e, mon commandant. » « Ce n'est pas possible, » s'écria l'officier d'état-major, « la 2e division doit être à... ! » Il n'a jamais pu dire où !

Il est 2 heures ; nous tâchons de nous faufiler dans cette masse inextricable vers la maison d'école; nous nous reposons quelques instants sur des tas de bois et nous examinons de là le spectacle qui se déroule devant nous, spectacle effrayant et bien triste. Nous nous demandons avec épouvante : Quel carnage, quelle débâcle, si nous recevions maintenant les Prussiens à dos, car ils ne sont pas loin, ils avancent, ils avancent toujours. Je m'approche d'un capitaine de la légion du Rhône qui me paraissait accablé, et lui fais part de nos appréhensions, qu'il partage également. Tout d'un coup, il se tourne vers un lieutenant, et lui montre une batterie d'artillerie arrivant au grand trot, du côté par lequel nous sommes arrivés. Il fait aussitôt rassembler ses hommes et nous commençons à comprendre ses intentions. La batterie devait nécessairement se frayer un chemin ; c'est ce qui arriva ; la légion du Rhône part immédiatement à la suite, et nous emboîtons le pas avec tous nos fourgons. Aussitôt, comme si cette masse mouvante n'avait attendu que cette batterie pour sortir de sa torpeur, la voilà qui s'ébranle et le triste défilé recommence, pêle-mêle, sans suite, sans ordres et sans discipline.

A 4 heures enfin, harassés, moulus, épuisés, nous arrivons à l'Isle-sur-le-Doubs. Il commence à faire nuit noire. Deux de nos chevaux n'ont plus de fers aux deux pieds de devant. Impossible d'avancer sur ce terrain glissant et montueux. Nous tâchons de découvrir le maire, M. Meiner, pour lequel nous avons des lettres.

Nous le voyons arriver, tout d'un coup, sur le grand pont du Doubs, essoufflé, la tête en feu, gesticulant comme un fou. Il semblait avoir perdu la tête, car il parlait de faire sauter le grand pont. On lui disait : Mais attendez donc que toutes les troupes aient passé ! Il aurait fait sauter toute la ville si on l'avait écouté. Du reste, il y a bien de quoi perdre la tête: Les hôpitaux regorgent de malades et de blessés ; il y en a 8000, qu'on évacue successivement. Une des ambulances de la ville est organisée par un comité de Strasbourg. Nous faisons camper nos chevaux sur la promenade où nous installons également nos fourgons.

Il n'y a pas à songer à rien manger dans un hôtel ou une auberge. Tout est plein, archi-plein. M. Meiner offre au docteur de l'héberger chez lui où il a déjà un général et son état-major, mais le docteur ne veut pas se séparer de nous et nous revenons tristement sur nos pas, retrouver nos fourgons et nos chevaux, qu'on était en train de referrer à la lueur des lanternes.

Nous nous décidons à faire notre popotte devant la maison d'un huissier auquel nous demandons seulement un peu de beurre. Il n'a plus rien chez lui, mais il nous conduit à côté chez un garde général qui, non seulement nous offre du beurre, mais encore nous fait cuire d'excellentes pommes de terre. Nous avions de la viande en provision, ce qui nous fait un souper encore assez respectable. Nous nous couchons ensuite sur le plancher dans nos peaux de mouton.

A 1 heure du matin nous sonnons le boute-selle et nous voici de nouveau en route. Cette partie du voyage se passe relativement assez bien. Nous nous relayons toutes les heures pour nous réchauffer dans l'omnibus rempli de paille.

Beaume-les-Dames, 19 Janvier 1871. — Enfin, nous arrivons ce matin, à 7 $\frac{1}{2}$ heures, à Beaume-les-Dames. Geisen va immédiatement s'occuper des billets de logement et des réquisitions, puis nous nous dispersons un peu à la recherche de boulangers, car notre pain est gelé et immangeable. Nous sommes maintenant à la tête de vingt miches de pain. Geisen arrive avec les billets de logement que nous tirons au sort. Je loge chez Mmes de Lacour et je m'y fais aussitôt conduire par un indigène. Mme de Lacour est une bonne petite vieille bigotte qui loge seule dans une maison grillée de tous côtés, avec sa fille, qui doit avoir 40 ans. On est très étonné de voir arriver encore un individu à loger, mais on me reçoit assez bien. Un capitaine de chasseurs y loge déjà, et « voyez-vous, me dit la bonne vieille dame, il ne fait que fumer des pipes, cracher et jurer comme un païen. C'est effrayant ! ».

Elle me fait faire un lit au salon et je crois que je passerai une bonne nuit.

Nous prenons nos repas à l'Hôtel du Commerce et allons prendre le café au Café Chardenat, où je rencontre Eugène Juteau, Wenniger l'aîné qui est dans les mobilisés du Doubs, et d'autres amis.

Pendant ce temps, les troupes continuent à défiler à travers la ville, énorme défilé. C'est toute l'armée de Bourbaki maintenant, qui ne s'est enfin trouvée réunie que dans la retraite. Et quelle armée ! Tous ces pauvres diables, blessés, gelés, tremblants de fièvre, suffoqués de pleurésie, étouffés de catarrhes. C'est horrible !

Ils ne chantent plus les pauvres zouaves, ils passent, tristes, mornes, une toux rauque et profonde sort de leur poitrine haletante ; ils chancellent, mais ils marchent toujours, les pauvres, mais ils ne chantent plus, les pauvres zouaves.

Beaume-les-Dames, 21 Janvier 1871. — Nous sommes repartis à 4 heures après-midi, dans la direction de Besançon ; nous faisons la route avec Brion, l'architecte,

et Wenniger, qui est malade et nous a demandé l'hospitalité dans notre omnibus. Nous sommes en plein convoi de
convoyeurs de toutes sortes, escortés par la gendarmerie
mobile qui fait la police des routes. Nous sommes très bien
avec le brigadier qui, de temps en temps, fait écarter les
voitures pour que nous puissions avancer plus vite. La nuit
arrive rapidement et nous avançons lentement. La route est
longue! Enfin, vers 10 heures, nous nous trouvons seuls
au milieu du village de Roullans. Les convoyeurs se sont
arrêtés en route, d'autres ont continué. Le trajet est encore
long jusqu'à Besançon et nous nous décidons à passer la
nuit à Roullans. Mais où trouver un gîte à 10 heures du
soir !

Nous nous souvenons à l'instant que le fermier du notaire
Miroudot, de Vellechevreux, nous a parlé d'une maison
Guerre à Roullans, qui appartient au notaire et qui n'est
gardée que par un seul locataire. Nous découvrons la
maison en question et nous en prenons possession, au nom
du notaire Miroudot; nous y trouvons du bois, de la paille
et même de la vaisselle. Nous sommes sauvés !

Nous soupons à 10 $^1/_2$ heures et après avoir relavé la vaisselle jusqu'à minuit, nous nous étendons sur nos bottes de
paille.

Besançon, 22 Janvier 1871. — Nous sommes repartis ce matin à 6 heures et arrivons à 10 heures à Besançon. La ville est bondée de troupes et une grande partie
de l'armée de Bourbaki est disséminée aux environs de la
ville, au Fillerois, à Miserey, Saint-Claude, Saint-Fergeux,
etc. Mon billet de logement est pour M. Sandoz-Nardin,

fabricant d'horlogerie, rue des Granges. Je suis très bien reçu par Mme Sandoz qui met à ma disposition une magnifique chambre et je me réjouis à l'idée de passer enfin une bonne nuit. Nous allons tous déjeûner à l'Hôtel de l'Europe, où je trouve mon cousin, Paul Juillard, qui est dans les éclaireurs du Doubs ; il fait ses études de droit à la faculté de Besançon. Nous soupons ensemble chez le père Huguenin avec Albert Durot, clerc de notaire. Geisen est logé chez un pâtissier. Le docteur est à l'Hôtel de l'Europe. Les hôtels sont remplis d'une foule immense d'officiers, de généraux, qui y prennent leur pension, et bien souvent il faut faire queue pour arriver à s'asseoir à un coin de table ou attendre que d'autres aient fini pour immédiatement prendre leur place.

L'Hôtel du Nord surtout est rempli d'officiers et de généraux. J'y vois entre autres le général Crémer.

Besançon, 23 Janvier 1871. — J'ai passé une excellente nuit, mais je suis toujours assez malade et le docteur paraît inquiet de me voir dans cet état. Il se demande, si je ne ferais pas bien de rentrer à Mulhouse. Mais je ne veux absolument pas quitter mes compagnons. J'aurai, du reste, le temps de me soigner ici, tandis que le voyage, qui menacerait d'être assez accidenté, me ferait peut-être plus de mal que de bien. Tout bien considéré, je reste. Je déjeûne à l'Hôtel de l'Europe et dîne au Restaurant Klein. Je rencontre plusieurs figures de connaissance : Jeand'heure, d'Hérimoncourt, et Lucien Mégnin, qui sont dans les mobilisés du Doubs.

Les bruits les plus singuliers, les plus saugrenus,

quelquefois vrais, circulent en ville. On s'effraye beaucoup de la présence à Besançon d'une telle masse d'hommes et on conçoit beaucoup de craintes dans le cas d'un blocus ou d'un siège. On raconte que Bourbaki s'est présenté chez le général Rolland, commandant la place, en lui disant qu'il arrivait avec son armée entière, 140,000 hommes. Le général Rolland aurait refusé de recevoir une telle quantité d'hommes, étant données les conditions où se trouve Besançon sous le rapport du ravitaillement. Il aurait traité le général Bourbaki de traître et lui aurait tiré à bout portant un coup de revolver. Ce bruit ne s'est pas confirmé, heureusement!

Quoique l'ennemi ne soit pas très loin, il semble qu'il n'y a pas à risquer de blocus ou de siège; cependant les prix des vivres augmentent d'une manière effrayante et on peut même craindre qu'ils ne viennent à manquer. En tout état de cause, nous faisons nos provisions de viande, car on ne sait ce qui peut arriver.

On distribue dans la rue des dépêches imprimées, rendant compte d'une grande victoire remportée par Garibaldi, à Dijon. La nouvelle est exacte, la victoire est même importante, mais l'effet s'en trouve bientôt atténué par des défaites partielles qui se produisent coup sur coup. Le 21 au soir, l'ennemi qui, de Pontarlier, avait tourné la place d'Auxonne, s'est emparé de Dôle, sans coup férir, et s'y est livré à un pillage effréné. Il n'était, cependant, pas en force dans tout le territoire à l'Est de la Saône; il n'était qu'au nombre de 20,000 hommes et avait deux jours de retard sur l'armée de l'Est; il aurait été très facile de l'attaquer avec le gros des forces de l'armée. Mais, au lieu de cela, on fait exécuter autour de Besançon des manœuvres qui fatiguent inutilement l'armée. L'esprit des troupes s'en affecte très profondément.

Tout d'un coup, toutes les positions qu'on occupait autour de Besançon sont abandonnées par ordre du général Bourbaki. L'abandon de ces positions fait grand bruit dans l'armée et donne lieu aux interprétations les plus fâcheuses.

Besançon, 24 Janvier 1871. — Il y a en ville un mouvement inusité, aujourd'hui. Il se passe quelque chose de grave. En effet, c'est la ruine, la honte, en un mot, la continuation de la retraite.

L'ennemi vient de couper le chemin de fer à Mouchard. Deux divisions du 15e corps se replient précipitamment devant des forces inférieures.

Le 24e corps, chargé de la défense des défilés du Lomont, a abandonné ses positions sans combattre !

Les 2e et 7e corps d'armée prussiens commencent à couper les communications avec Lyon ; ils passent le Doubs, ils passent la Loire, c'est la fin. Il n'y a plus un moment à perdre, à moins de reprendre l'offensive et de marcher carrément sur Auxonne, mais Bourbaki est abattu, et l'armée, hélas, n'a plus confiance. On nous dit qu'il y a aujourd'hui un grand conseil de guerre, à Château-Farine, et d'après ce qui transpire, voici ce qui s'y est passé. Le général Billot a été *seul* d'avis de marcher sur Auxonne, mais le général Bourbaki, lui, décide de battre en retraite sur Pontarlier. La population de Besançon est atterrée.

Besançon, 25 Janvier 1871. — Aujourd'hui, nous faisons un tour en ville. Les hôpitaux regorgent de malades et de blessés ; les conditions hygiéniques y sont déplorables et on compte une moyenne de 400 décès par semaine. Pauvres, pauvres enfants ! Nous apprenons que l'armée est consignée ; le rappel bat dans toutes les rues, c'est sinistre et la population semble affolée. Le bruit circule que les Prussiens se rapprochent de plus en plus et vont finir par nous englober avec Zastrow-Werder et le prince Frédéric-Charles, qui viennent d'opérer leur jonction. Nous voyons passer l'ambulance Lyonnaise ; nous les arrêtons au passage et ils nous disent : L'armée bat de nouveau en retraite, nous n'avons plus rien à faire ici, nous rentrons chez nous.

Nous regagnons précipitamment nos cantonnements respectifs et, au moment où je fais mes adieux à M. et Mᵐᵉ Sandoz je reçois l'ordre de me trouver à l'hôtel de l'Europe pour le départ.

Nous allons dîner tous ensemble chez Klein, et à midi nous quittons Besançon. On nous avait dit : Partez ! Nous sommes partis, mais, où faut-il aller ? Nous n'en savons rien et nous voilà de nouveau, marchant droit devant nous, sans ordres, sans indication autre que celle de nous diriger vers Pontarlier.

Nous sommes seuls sur la route, avec l'ambulance militaire de la 2ᵉ division, qui ne sait rien de plus que nous-mêmes.

Au bout de quatre heures de marche, nous arrivons à Beure.

Beure est très joliment situé au milieu des rochers et des montagnes. Cela doit être très joli en été, et les bons bourgeois de Besançon doivent y venir souvent, car il y a une foule d'auberges, de restaurants et de guinguettes. Ici, c'est « A la Bonne Matelotte », là « Au Rendez-vous des Amis », « A la Truite », etc. Mais, en ce moment, Beure est un sale trou.

Nous y sommes arrivés à 4 heures. Il fait bientôt nuit et il faut chercher à nous loger. Spœrry et moi nous trouvons à nous loger dans une maison assez propre; le paysan est très accueillant, mais sa femme assez hargneuse. Il n'y a qu'un lit pour nous deux.

Beure, 26 Janvier 1871. — Nous avons faim en nous réveillant; on nous fait payer 25 sous une tasse de café au lait, plus 5 sous pour trois morceaux de sucre. C'est raide, mais nous avons trop faim pour récriminer davantage. A ce compte-là, tout ce que j'ai emporté dans ma ceinture de cuir filera vite et fondra très rapidement, d'autant plus que jusqu'ici j'ai pu soulager pas mal de misères. A 8 heures, nous rejoignons le reste de l'escouade qui a trouvé à se loger dans une maison abandonnée où ils ont tiré parti de tout ce qu'ils ont pu trouver. Les cochers ont passé la nuit dehors, devant un grand feu. Spœrry et moi, nous allons faire notre toilette à la fontaine où il a fallu casser la glace.

Il est 9 heures, nous n'avons plus une seule nouvelle de l'armée. Nous ne voulons cependant pas avoir l'air de déserter. Geisen et Wolff vont à cheval à Besançon pour voir ce qui s'y passe, et prendre des informations. En attendant leur retour, nous flânons, nous pataugeons en pleine neige, et ne savons que faire. Je mets mes notes un peu au courant.

Nous dînons fort bien. Mansbendel-Hartmann et Munsch nous ont fait des petits beafsteaks fort appétissants, aussi bons que ceux de Brébant ; nous avions emporté de Besançon 24 livres de viande. Nous continuons à explorer le pays.

Geisen, Wolff, et le docteur, qui était resté à Besançon, reviennent ; ils sont allés aux informations à St-Ferjeux, où le 4e bataillon campe dans les vignes ; en fait de chef, il n'y a plus que le capitaine Thierry qui tient toujours ferme. Le bataillon est réduit à 400 hommes. L'ennemi est, dit-on, tout près d'ici, et on s'attend à être attaqué d'un moment à l'autre. C'est le capitaine Kaltenbach qui fait fonctions de commandant, mais il est malade. Ils se plaignent tous de l'Intendance où il y a un désordre inouï, tout va à la débandade. Dans ces conditions, une résistance quelconque est bien difficile. Le commandant Dollfus, Alfred Engel et plusieurs officiers sont à Besançon, malades, ou en congé de convalescence. Enfin, le docteur nous donne des nouvelles navrantes et bien peu encourageantes.

Nous comptons passer encore la nuit à Beure, nous n'avons malheureusement que cela à faire.

Beure, 27 Janvier 1871. — Ce matin, nous voyons enfin passer notre division, mais dans quel état. Malgré les quelques jours de repos qu'on a eus, les chevaux d'artillerie et du train sont à bout de forces, maigres, décharnés, ils font des efforts héroïques pour traîner canons et fourgons. Les soldats sont sales, déguenillés, crottés, trempés. Artillerie, cavalerie, infanterie, tout est pêle-mêle, les rangs sont rompus, et on marche en désordre ; il n'y a plus de commandement. On a faim et soif ; certains pauvres moblots

vont de porte en porte demander un morceau de pain, ou
à prendre place pour quelques instants devant un foyer.
Le teint de tous ces pauvres jeunes gens est blême et flétri.
C'est horrible! Nous emballons vite et nous nous mettons
à la suite de l'ambulance militaire. En chemin, le docteur
Dezon nous apprend que Bourbaki s'est suicidé et que, pour
préparer l'armée à ce nouveau malheur, on fait courir le
bruit qu'il est malade [1]. C'est le général Clinchant qui est

---

[1] Voici le texte de la dépêche qui fut envoyée par le Ministère de la
guerre à Bordeaux, le 25 janvier, à Bourbaki :

« Bordeaux, 25 janvier, 4ʰ,55 soir.

« Plus je réfléchis à votre projet de marcher sur Pontarlier et moins je
le comprends. Je viens d'en parler avec les généraux du Ministère, et
leur étonnement égale le mien. N'y a-t-il pas erreur de nom? Est-ce bien
Pontarlier que vous avez voulu dire? *Pontarlier* près de la Suisse? Si
c'est là, en effet, votre objectif, avez-vous envisagé les conséquences?
Avec quoi vivrez-vous? Vous serez obligé de capituler, ou d'aller en
Suisse. Car, pour vous échapper, je n'aperçois nul moyen. Partout, vous
trouverez l'ennemi, devant vous et avant vous. Le salut, j'en suis sûr,
n'est que dans une des directions que je vous ai indiquées, dussiez-vous
laisser vos *impedimenta* derrière vous, et n'emmener avec vous que vos
troupes valides. A tout prix, il faut faire une trouée. Hors de là, vous
vous perdez. »

Cependant, Bourbaki crut devoir persister dans sa détermination, et
le 26, la retraite sur Pontarlier s'engagea. Il voulut y présider lui-même
avec ce dévouement et cette sollicitude dont il avait donné tant de preuves
depuis le début de la campagne. Pendant toute la journée du 26 et malgré
le froid excessif qui sévissait, il assista au défilé des troupes, prenant soin
de les guider au milieu de la neige et de faire dégager la route des
innombrables chariots qui l'encombraient. Il donnait ses ordres avec une
mélancolie particulière.

Des personnes placées auprès de lui furent frappées de sa tristesse et
crurent même voir, à certain moment, des larmes dans ses yeux. Le soir
venu, le général se retira dans ses appartements, et quelques instants
après, l'armée apprenait son suicide.

(Ch. de Freycinet, *La Guerre en Province*, p. 267.)

8

placé à la tête de l'armée, et il paraît que la dépêche du
général Rolland annonçant ce suicide s'est croisée avec une
dépêche du gouvernement de la Défense nationale, enlevant
le commandement à Bourbaki pour le donner à Clinchant.
On savait que, depuis son départ de Bourges, Bourbaki
était sous l'empire d'un abattement physique et moral qui
augmentait de jour en jour et le rendait de plus en plus in-
capable de conduire une opération qui demandait beaucoup
d'énergie et de célérité.

Ce sentiment s'est probablement aggravé chez lui par la
vue de son armée manquant de tout, pendant que d'immenses
convois de vivres et de munitions demeuraient dans les
gares de la ligne du Jura, sans qu'on sache où les diriger.
Aussi, lorsque ses hésitations eurent fini par compromettre
tout à fait l'armée, on s'explique que le désespoir l'ait
poussé à se suicider.

Nous montons maintenant une énorme côte ; le pays est
pittoresque, mais bien dur pour nos pauvres chevaux, aussi
ce n'est qu'avec bien des « hue, hott » qu'on arrive à les
faire marcher. Nous les remplaçons nous-mêmes bien souvent. La neige durcie recouvre la route et on s'arrête à
chaque instant. Nous arrivons enfin sur un plateau, nous
avons fait quatre kilomètres. Tout à coup, des paysans
accourent vers nous et nous font signe de rétrograder ; les
Prussiens sont à un kilomètre de là. Nous retournons sur
nos pas et prenons une autre route ; il était temps. A 6
heures nous arrivons éreintés, moulus, à Merey. La nuit est
noire. Nous entrons, Butzbach, Munsch et son frère qu'il a
retrouvé au 4e bataillon, et moi, dans une maison où l'on
préparait du vin chaud pour des officiers. A peine avons-

nous pris quelques gorgées, que Trapp arrive tout boule-
versé, tout effaré pour nous annoncer qu'un des fourgons
est tombé. Nous courons vers le lieu du sinistre et nous
voyons, en effet, notre pauvre fourgon couché sur le flanc,
en bas d'un talus, et les deux chevaux, les jambes en l'air.
Quelle déveine ! Il n'a pas de chance notre brave fourgon.

Nous voilà forcés de nous arrêter et de laisser filer l'armée
sans nous. A partir de ce moment, nous sommes seuls et
abandonnés. Nous nous logeons chez un riche habitant de
l'endroit, qu'on dit millionnaire. On ne le dirait pas ; les
fenêtres n'ont pas de rideaux ; le mobilier est plus que rus-
tique. C'est, sans doute, un vieil avare, mais il nous reçoit
très bien. Je passe une très mauvaise nuit, assis sur une
botte de paille et souffrant toujours horriblement de ma
dysenterie.

Merey, 28 Janvier 1871. — Le lendemain, à 7 heures,
nous allons voir notre fourgon, nous le vidons complètement
et aidés du maire de Merey et de 5 à 6 habitants du village,
nous le relevons et le faisons immédiatement rafistoler.

Nous consultons nos cartes et nous voyons que nous ne
sommes pas loin d'Ornans, mais nous comptons sans les
montagnes et les côtes. Le maire nous dit : « Oh ! vous en
avez pour trois petites heures ! » Nous nous remettons en
marche. Notre escouade est bien mal hypothéquée, nous
sommes tous plus ou moins malades ; nous subissons les
effets de la retraite. Il est 1 heure, nous voyons un pauvre
petit chasseur à pieds, couché sur le talus ; il est bien
malade, les pieds gelés et, de plus, varioleux ; nous lui donnons la pièce et l'installons dans une maison.

La route commence à devenir très accidentée, le verglas est tenace, les chevaux glissent et perdent leurs fers. Il faut les referrer en pleine route. Nous voyons dans les champs et sur la route même des quantités de chevaux morts, plus loin un cheval, efflanqué, véritable bête de l'Apocalypse, hennit plaintivement et se tient encore droit sur ses quatre jambes écartées; il est horriblement blessé et c'est un crime de le laisser souffrir ainsi. Mansbendel prend un revolver, le vise à cinq pas et ne réussit qu'à le blesser. La pauvre bête tombe sur le flanc. Pendant que le docteur lui ouvre une veine, je lâche un coup de mon revolver dans l'oreille de la pauvre bête qui tombe raide morte.

Nos chevaux sont referrés et nous reprenons notre pénible marche. Nous montons toujours; encore un coup de collier et nous y serons! Mais tout d'un coup un de nos chevaux commence à trembler de toutes ses jambes et tombe pour ne plus se relever. Son agonie a été courte; la pauvre bête est morte à la tâche. Enfin, après bien des fatigues et des haltes forcées, nous arrivons en vue d'une petite ville située dans le fond de la vallée, c'est Ornans! Il est 7 heures du soir.

Ornans, 28 Janvier 1871. — Nous sommes arrivés à 7 $\frac{1}{2}$ heures et nous nous arrêtons devant l'Hôtel de ville, où le conseil municipal siège, paraît-il, en permanence. Le docteur y monte et pendant ce temps nous entrons dans un café pour prendre quelque chose de chaud; nous sommes gelés, fatigués et mourons de faim et de soif.

Le maire d'Ornans a complètement perdu la tête et c'est le commandant de place, M. Cusenier, fabricant de liqueurs et commandant de mobilisés, qui est la forte tête de l'endroit. Il se multiplie et rend, paraît-il, d'énormes services à la ville, très bien secondé par M. Mathey, pharmacien et adjoint au maire.

M. Cusenier nous dit, qu'il y a en ce moment à Ornans des centaines de malades et blessés, entassés dans les salles du grand séminaire, outre les malades de l'hospice civil et de la maison des sœurs. Sur les quatre docteurs que compte Ornans, trois sont partis et l'unique médecin qui reste ne peut suffire à tout. Il nous supplie de rester pour soigner tous ces malheureux et organiser les services d'une manière méthodique et hygiénique. Il a demandé à Besançon des médecins et des médicaments et on n'en obtient rien. La population s'affole, elle craint des épidémies; nous sommes, du reste, entourés dans la rue par 150 à 200 personnes, qui nous considèrent déjà comme des sauveurs.

Il n'y a pas à hésiter, le docteur accepte, mais il faut d'abord nous loger pour passer la nuit. Tous les hôtels sont pleins; on réussit à placer nos chevaux et nos fourgons à l'Hôtel du Nord, où toute cette population nous conduit en nous serrant les mains. La mairie nous a préparé des billets de logement et nous sommes tous disséminés dans la ville, après nous être donné rendez-vous pour le lendemain matin au séminaire.

Ornans, 29 Janvier 1871. — D'après ce qu'on vient de nous dire ce matin, le bataillon de Mulhouse a passé cette nuit par Ornans et est reparti à l'aube. Quel dommage! Nous aurions eu tant de plaisir à leur serrer la main à tous. Trapp, Spœrry, Læderich et moi avons passé la nuit dans

une maison où il y avait une quantité de malades, n'ayant
pu trouver place dans les hôpitaux de la ville. Il y en a
beaucoup qui ont été recueillis ainsi par les habitants.

À 7 heures, ce matin, nous nous trouvons tous au grand

Entrée du Séminaire d'Ornans

séminaire. C'est un immense immeuble, sans architecture
spéciale, avec deux ailes faisant retour, un bâtiment faisant
façade, et une grande cour intérieure. Aux deux étages
sont d'énormes salles où, sur de la paille à moitié pourrie,
sont entassés des centaines de malheureux soldats de toutes
armes, auxquels on distribue bien de la soupe tous les jours,
mais en fait de remèdes, rien! L'unique docteur de la ville
est surchargé, n'a pas le temps de diagnostiquer, il se borne
à venir constater les nombreux décès journaliers. Toutes les

salles du séminaire sont remplies et il y règne une atmosphère épouvantable. Le personnel se compose du supérieur, l'abbé Suchet, aidé de quelques abbés, trois sœurs de charité, une cuisinière et deux ou trois journaliers. C'est absolument insuffisant !

Le docteur Ehrmann juge d'un premier coup d'œil ce qu'il y a à faire. Il fait réquisitionner d'abord toute la paille fraîche qu'on peut trouver et fait enlever la paille pourrie, qui est là depuis quinze jours, et dont on fait un grand feu, hors de ville. Il fait ouvrir toutes les fenêtres pour enlever l'air pestilentiel qui règne dans toutes ces salles. Cela fait, on procède à un premier triage des malades et on commence la comptabilité de l'ambulance ; Spœrry et moi en sommes chargés. Nous marquons les entrées en prenant chaque fois le numéro matricule, le régiment, le corps, etc. et on commence, après un diagnostic rapide et sommaire, à ranger les malades par catégories de maladies, ce qui n'est pas un mince travail.

Nous remarquons, en faisant ce premier triage, qu'il y a beaucoup de soldats qui sont très fatigués, il est vrai, par cette rude campagne, mais qui commencent à s'habituer à ce doux farniente. Après les avoir soigneusement examinés et même auscultés, on décide de les évacuer, pour éviter un encombrement trop grand. Nous préparons des billets munis du timbre de la Société internationale de secours aux blessés, en les datant du jour de l'évacuation. Le docteur ne pouvant s'astreindre à ce travail, nous les signons nous-mêmes. Je signais gravement : « Dr Juillard ».

Nous avons gardé quelques-uns de ces hommes valides pour en faire des infirmiers et pour faire surtout les gros ouvrages, dont le plus pénible est de vider et nettoyer les énormes baquets qui servaient de latrines et qui, avant notre arrivée, se trouvaient placés dans les salles mêmes. Nous avons nommé caporal-infirmier un chasseur à pieds, un Corse nommé Vizentini ; notre corps d'infirmiers se monte à 20 hommes.

A la demande du commandement de la place, nous avons rédigé un procès-verbal, d'après lequel le nombre des malades présents au séminaire, et toutes évacuations terminées, se monte au chiffre de 363.

Nous avons quelques blessés, entre autres un zouave qui a une blessure à la jambe, par éclat d'obus, suppurant depuis Frœschwiller. Il avait fait toute la campagne de la Loire et celle de l'Est, traînant cette horrible plaie avec lui.

Le père Suchet, directeur du séminaire, qui est un homme très érudit, est dans d'excellents termes avec nous et s'en remet, avec ses abbés, entièrement à nous et surtout à l'expérience du docteur Ehrmann dont il a déjà pu apprécier l'esprit d'initiative et la haute valeur scientifique.

Nous avons réquisitionné du bois de chauffage et du linge. Nous avons, en outre, ouvert notre compte avec la pharmacie et commençons à travailler d'une manière tout à fait administrative. Tout se fait par bons de réquisitions et nous en faisons état sur nos livres. En un jour, nous avons mis un ordre parfait dans notre ambulance.

Ornans, 30 Janvier 1871. — Le père Suchet nous annonce ce matin la nouvelle d'un armistice qui s'est conclu à Paris. C'est la fin des misères pour nos pauvres amis, nos braves soldats, que nous avons laissés, allant à la dérive, Dieu sait où. Enfin, ils pourront se reposer.

Nous sortons un moment en ville pour voir l'effet produit par cette nouvelle inattendue. Mais nous voyons arriver, ventre à terre, quatre uhlans à cheval, dont un officier, le pistolet au poing; ils se dirigent vers la mairie et nous les suivons. Ils ne savent pas un mot de français, et pas un membre du conseil municipal ne comprend l'allemand. Wolff parlemente avec eux et l'officier lui dit qu'il est suivi d'un corps d'armée.

Le docteur, qui nous a rejoints, explique aussitôt à l'officier qu'un armistice vient d'être conclu à Paris, et que la ville d'Ornans est occupée par les Français. Les uhlans repartent à fond de train. Nous courons immédiatement au séminaire et nous faisons cacher tous les fusils qui s'y trouvent. Puis, nous choisissons parmi nos convalescents une trentaine d'hommes assez valides; nous les armons de fusils, on en met quelques-uns à chaque bout de la ville, et on installe un poste à la mairie. Cette petite armée est splendide; il y a une quinzaine de moblots, deux zouaves, un artilleur, quatre turcos, trois cuirassiers et des chasseurs. Après avoir passé la revue de ces hommes, le docteur, le maire et le commandant de place vont en dehors de la ville à la rencontre du corps d'armée qui s'est annoncé. A 1 kilomètre de distance, ils voient arriver le 25e régiment d'infanterie prussienne, colonel von Loos.

Ils expliquent au colonel que la ville d'Ornans est occupée par l'armée française et que, d'après les lois de l'armistice, une place devient neutre lorsqu'elle est déjà occupée.

Von Loos lui répond que c'est exact; il y a bien un

armistice, mais qui n'est pas pour l'armée de l'Est. Il a donc le droit d'entrer et même de faire prisonniers tous les soldats qui se trouvent à Ornans[1].

Le poste de l'Hôtel de Ville : Ornans

Craignant d'attirer des désagréments à la ville par une plus longue résistance, Wolff retourne précipitamment en

---

[1] « La convention d'armistice avait fixé elle-même la ligne de démarcation entre les armées belligérantes dans toute la France.

« Une exception était faite pour la région de l'Est, où provisoirement aucune ligne n'était tracée et où les hostilités devaient continuer jusqu'à entente ultérieure.

« Le négociateur français manquait des premiers éléments pour faire passer la ligne de démarcation sur un point plutôt que sur un autre. Il n'a ville, désarme tous les postes et fait réintégrer les fusils dans leur cachette.

Nous dînons à midi à l'hôtel et, à 1 heure, nous retournons au séminaire. Les Prussiens ne sont pas encore entrés en ville. Tout d'un coup, nous voyons arriver M. Ordinaire, fils du député du Doubs, commandant de francs-tireurs, avec quelques hommes. Nous les prévenons immédiatement de ce qui se passe et les engageons à fuir pour ne pas être pris, car l'ennemi ne plaisante pas avec les francs-tireurs qu'il ne considère pas comme des belligérants. Nous appre-

---

pu que s'appuyer sur ceux qui lui étaient fournis par l'état-major prussien lui-même, c'est-à-dire souscrire à ce que voulait l'ennemi :

« On ne saurait dès lors voir dans cette convention qu'un odieux abus de la force et de la ruse, où l'une des parties, profitant de l'ignorance et des angoisses de l'autre partie, lui a imposé des stipulations auxquelles a manqué la première condition d'équité : la discussion libre et éclairée.

« Ce qui confirme bien douloureusement cette duplicité du négociateur prussien, en regard de la confiance du négociateur français, c'est l'exception introduite pour les armées de l'Est. Il est évident que si l'armistice avait de l'intérêt pour une armée, c'était pour celle du général Bourbaki. Or, c'est précisément pour celle-là que l'exception a eu lieu. »

(Ch. de Freycinet, *La Guerre en Province*, p. 304.)

« Sitôt que la notification de l'armistice a eu lieu, l'armée de l'Est a suspendu son mouvement, l'armée de Garibaldi s'est arrêtée à 3 kilomètres de Dôle que l'ennemi avait déjà presque complètement évacué. Pendant les deux jours qui ont suivi, et tandis que nos généraux parlementaient avec l'ennemi pour dissiper ce qui semblait être un malentendu évident, l'ennemi, de son côté, continuait d'avancer, occupait les positions les plus importantes, se rendait maître des routes vers Bourg et Lyon, et envoyait des renforts considérables à Dôle, Mouchard et sur tous les points que menaçait naguère Garibaldi.

« Quand la vérité se fit jour et que le texte fatal fut connu, il était trop tard ! »

(*Moniteur Universel* du 5 février 1871.)

nons, un peu plus tard, que le corps d'armée prussien n'entrera en ville que ce soir.

A 5 heures, on affiche la dépêche officielle annonçant l'armistice. Il y a un enthousiasme immense et j'ai serré, en passant, la main de bien des gens que je ne connaissais pas.

Ornans, 31 Janvier 1871. — J'ai passé la nuit au même endroit, dans un lit que venait de quitter un malade. Ma dysenterie continue à me miner lentement, je suis d'une faiblesse extrême et, ce matin, je puis à peine me tenir debout. Je vais cependant au séminaire vers $9^{1}/_{2}$ heures. Le temps est superbe, l'air me fait du bien, le soleil est chaud, c'est un vrai temps de paix. Il parait que c'est exact, l'armistice n'est pas pour l'armée de l'Est : on nous a oubliés ! Les Prussiens viennent de ravager Balandoz et cependant nous voyons passer des détachements de troupes françaises venant de Pontarlier et se rendant à Besançon. On a l'air de jouer à cache-cache.

Geisen a rencontré aujourd'hui, par un singulier hasard, la femme de notre propriétaire de Vellechevreux qui lui a dit avoir été très touchée des procédés du 4e bataillon et de son commandant.

Décidément, je suis bien malade. Butzbach vient de prendre la variole et j'ai bien peur d'en faire autant. Le docteur veut absolument que je me soigne; il me fait changer de logement, et on m'installe chez M. Teste de Sagey, riche propriétaire d'Ornans, qui possède une très belle maison dans un parc admirable. J'y suis très bien reçu et soigné, à tel point, que je me sens beaucoup mieux. Je vais au séminaire où je prends le service des salles 12 et 15, avec Munsch. Le service n'est pas désagréable et les salles pas trop puantes, quoique remplies de pieds gelés et de dysenteries. Ce sont les maladies qui ont fait le plus de victimes. Il y a également deux lépreux.

Mais c'est la vermine qui devient envahissante; elle ne nous épargne pas nous-mêmes : ce matin, j'étais à côté du docteur occupé à tâter le pouls d'un moblot, je voyais une de ces horribles bêtes passer lentement de la manche du moblot sur la main du docteur, qui la rejeta d'une chiquenaude; on s'habitue à tout, à cela comme à autre chose, mais c'est un des côtés les plus répugnants du métier que nous faisons ici.

Je commence à soigner assez bien les pieds gelés. Au premier abord, c'est très répugnant, mais on s'y habitue. Il y en a cependant qui sont horribles à voir; la peau est toute noire, les chairs s'en vont en pourriture et laissent les os à nu; les os eux-mêmes sont attaqués et il faut en enlever. C'est une sorte de gangrène, c'est terrible! Quant aux malades atteints de la dysenterie, il y en a qui sont tellement malades et affaiblis, qu'ils n'ont plus que la peau sur les os. Tous jeunes encore, ils ont l'air d'avoir 70 ans. Pauvres enfants!

Ah, la guerre! quelle chose exécrable, épouvantable! Que ceux qui la déchaînent pour une simple question de dynastie ou d'amour-propre viennent ici pour en voir les terribles effets, assister à l'agonie lente de tous ces pauvres enfants, mutilés, minés et usés par les maladies, ces enfants arrachés d'un jour à l'autre aux tendres soins de leurs foyers pour être livrés au massacre, aux fureurs d'une guerre impitoyable et sans merci!

L'ambulance a déjà meilleure tournure. On procède par ordre; tous les malades sont classés et on les connaît maintenant à peu près tous.

Ornans, 1er Février 1871. — Nous continuons les pansements et les diverses médications. Tous les jours, il y a un ou deux décès, mais la moyenne diminue. Nous évacuons aussi, autant que possible, les soldats qui se sont échoués à Ornans par simple fatigue, et qui finissent par se remettre assez complètement pour marcher et se mettre en route; on leur donne des congés de convalescence et la plupart rentrent chez eux, la canne à la main, et laissant leurs armes ici.

L'après-midi, arrive en ville, musique en tête, une partie du corps d'armée prussien. Il y a de la cavalerie et de l'infanterie; ce sont des uhlans et le 25e régiment d'infanterie, colonel von Loos. On les loge tous en ville.

M. Teste de Sagey me fait dire aussitôt, qu'ayant passablement d'officiers à loger, il est forcé de mettre un capitaine dans ma chambre. Comme je ne m'en soucie guère, je m'empresse de déménager. M. M... m'offre un lit dans la chambre où couche déjà Spœrry, et je m'empresse d'y aller. Mon nouveau propriétaire a également un capitaine de landwehr à loger, avec son brosseur. Ce capitaine est très bien reçu, il mange à la table de famille, tape sur le piano de la maison, passe la soirée au salon, prend le thé, enfin il est reçu à bras ouverts. On nous invite le soir à prendre le thé. J'avais bien envie de refuser en face d'un pareil scandale, mais, avant tout, il faut être poli. Nous entrons au salon, Spœrry et moi, et nous y trouvons le capitaine installé devant la cheminée, enfoui dans un grand fauteuil et, assis autour de lui, pleins d'admiration et d'humilité, M. et Mme M... et un jeune abbé. Le capitaine fait voir les photographies de toute sa famille, sa femme, ses enfants ; il nous dit qu'il est fabricant de produits chimiques, qu'il se nomme M. Keller et qu'il est bon catholique. L'abbé, heureux de se rencontrer avec un coreligionnaire, se lance avec lui dans des discussions politico-religieuses ; il parle du Concile, du Vatican, de la guerre actuelle. Il fait un parallèle assez maladroit et très inopportun entre le degré d'instruction et de culture de la population française et celui si élevé du peuple allemand. Mais, mon pauvre abbé, pensais-je à part moi, à qui la faute ? Ce n'est dans tous les cas pas aux Jean Macé, aux Jules Simon ni aux Jules Ferry, mais bien plutôt à ceux qui ont intérêt à tenir la lumière sous le boisseau, et dont vous êtes, malheureux ! Le capitaine se rengorge et fait valoir ses connaissances en littérature, il parle de Jules Verne, Victor Hugo, Alphonse Karr et du *Figaro* ; c'est un vrai galimatias ; enfin, c'est le héros de la maison, et M. et Mme M... opinent du bonnet. Finalement, le capitaine Keller se met au piano et entame une sonate de Beethoven. Nous nous retirons, Spœrry et moi, absolument écœurés. Partout, du reste, les Prussiens sont bien reçus, mieux reçus, dans tous les cas, que nos pauvres moblots ne l'ont été. Est-ce la peur qui fait agir ainsi les Ornanais et le régime de terreur qui règne en ville ? C'est bien possible, et c'est la seule excuse que je puisse admettre. Elle est peut-être légitime.

Cependant, je dois dire que, quoique pleins de bienveillance et de reconnaissance pour nous personnellement, les habitants d'Ornans font preuve de peu de dévouement. Nous avons toujours des difficultés inouïes à obtenir quoi que ce soit, notamment des chevaux et des voitures pour le transport de nos malades, et ce n'est qu'en agitant le spectre du typhus que nous arrivons à nos fins.

Ornans, 2 Février 1871. — Mansbendel-Hartmann et Geisen partent ce matin pour Mulhouse. Geisen a reçu de mauvaises nouvelles de la santé de sa femme. Quant à Mansbendel, il en a assez; à son âge, je le comprends! Je ne demanderais pas mieux que de m'en aller aussi, et toutes les lettres que je reçois de ma mère me supplient de revenir. Mais, comme une lettre de mon beau-frère Ponnier me rassure sur l'état de santé de ma mère, et que, d'un autre côté, nous ne sommes pas trop nombreux pour suppléer à toute la besogne, je me décide à rester encore. Sans être complètement guéri, je vais, du reste beaucoup mieux.

Les Prussiens amènent aujourd'hui des prisonniers français devant l'Hôtel de ville. Parmi eux se trouvent un officier-comptable et un capitaine de mobiles, M. d'Assigny. Nous nous en rapprochons insensiblement et tout en leur causant, nous parvenons à les éloigner du groupe des prisonniers et les entraînons immédiatement au séminaire. Ils sont sauvés! Ils sont inscrits derechef au nombre de nos malades.

Ce soir, en allant souper, nous trouvons à l'hôtel un capitaine de turcos qui s'était également échappé. Nous lui procurons immédiatement un vêtement civil et les amenons, lui et son cheval, au séminaire, à la faveur de l'obscurité.

Ornans, 3 Février 1871. — L'occupation prussienne continue, et sous prétexte que nous faisons évader une masse de soldats, l'autorité militaire fait de nombreuses réquisitions. Le maire est débordé, et à chaque instant le docteur est appelé à l'Hôtel de ville pour parlementer avec le colonel von Loos.

Notre service au séminaire marche bon train, sauf les cas de variole qui deviennent inquiétants ; nous en avons une salle de 54 et sommes obligés de nous relayer pour y passer une journée à tour de rôle, car il serait par trop dangereux d'y rester continuellement ; j'y ai passé cependant deux jours de suite. Notre pauvre Butzbach est toujours malade. Il a passablement de fièvre, mais c'est une variole légère.

Aujourd'hui nous avons huit décès, et on nous donne maintenant à soigner l'école des frères où il y a une centaine de malades. Le docteur y va tous les jours, ainsi qu'à l'hospice civil. L'unique médecin de la ville est sur les dents.

Les maladies dont nous avons le plus grand nombre de cas sont la fièvre typhoïde, la dysenterie, la variole, beaucoup de pleurésies et de pneumonies, sans compter les pieds gelés et les blessures de toutes sortes.

Ce soir, nous nous sommes un peu révoltés contre nos abbés. Sitôt qu'ils apprenaient qu'un de nos malades allait trépasser, ils arrivaient avec le Saint-Sacrement pour l'administrer, ce qui faisait un effet terrible sur les autres malades de la salle. Nous les avons priés de cesser ou de venir sans ces apprêts funèbres. Ils se sont inclinés à contre-cœur, mais ne le feront-ils pas en cachette ?

Ornans, 4 Février 1871. — Nous venons de faire évader le commandant d'Assigny et l'officier-comptable.

9

Reste le capitaine de turcos ; c'est plus difficile, car il y a son cheval !

Cet après-midi, Wolff et moi allons à cheval dans les environs pour voir des malades. A Vuillafans, nous trouvons plusieurs pauvres éclopés minés par la dysenterie, d'autres ont des pneumonies et n'ont plus qu'un souffle de vie. Beaucoup de malades également à Montjesoie. Nous les soignons tous et prescrivons des remèdes. Nous promettons à certains d'entre eux, les plus atteints, de venir les chercher dans notre fourgon pour les soigner à Ornans. Ils n'ont pas vu de médecin depuis qu'ils sont là, et n'ont pour les soigner que le curé et le maître d'école.

Ornans, 5 Février 1871. — Les Prussiens deviennent de plus en plus sévères et nous défendent d'évacuer un seul homme de plus. Comme il est arrivé un général d'inspection, nous nous adressons à lui, mais inutilement. Le docteur essaye de parlementer, on est très poli, mais on refuse péremptoirement. C'est alors que le docteur use d'un stratagème sublime : Eh bien, lui dit-il, puisque vous ne voulez pas, tant pis, je ne réponds plus de la vie des habitants d'Ornans et même de vos troupes. La variole règne ici à l'état épidémique, la mortalité dans notre ambulance est effrayante, et tenez ! et en disant cela, il montre au général et à von Loos une civière couverte qui passait précisément dans la rue et dans laquelle se trouvait un malade tout ordinaire qu'on mettait à l'école des frères. Le docteur quitte le général sur ces mots et nous donne aussitôt l'ordre de mobiliser toutes les civières et de transporter tous les malades qu'on pourra, à l'école des frères. Ce soir, nous recevons du général l'autorisation de procéder à des évacuations, mais en lui en signalant chaque fois le nombre.

Ornans, 6 Février 1871. — Ce matin, nous apprenons que des soldats prussiens ont dévalisé l'atelier du peintre Courbet et enfoncé des toiles à coups de baïonnettes. Spœrry et moi allons voir ce qu'il en est, et nous trouvons la vieille tante du peintre tout en larmes. Un paysage inachevé, représentant les bords de la Loue, est exposé sur un chevalet, il est lardé de coups de couteau ; d'autres toiles sont à terre, crevées du haut en bas, et d'autres ont sans doute disparu. L'autorité militaire met cet acte de vandalisme sur le compte de l'ivresse. Ce n'est pas de l'ivresse, c'est de la barbarie !

A 8 heures, arrive au séminaire un exprès de l'intendance de Besançon nous avisant un convoi de 600 convalescents, et à 11 heures nous voyons arriver une file énorme de voitures conduites par un chirurgien en uniforme. Nous procédons immédiatement au recensement de tous ces malheureux soldats et les classons de suite par catégories de maladies. Nous en gardons une centaine et en évacuons environ 150 sur les localités environnantes avec des bons de réquisition et des billets d'hôpital. Le recensement est très pénible, surtout lorsqu'on a devant soi des hommes absolument abrutis par toutes les fatigues et les souffrances qu'ils ont endurées. Eh, moblot approche ! Quel régiment ? 20ᵉ corps, major ! Quel régiment ? 20ᵉ corps, mon major ! Ce n'est pas cela que je te demande, dans quel régiment et quelle compagnie es-tu ? 20ᵉ corps, major ! Pas moyen d'en tirer autre chose. On est forcé de les fouiller et de leur arracher leurs livrets ! Enfin, tous sont classés.

La nuit est venue, et je rentre avec une lanterne dans la salle ou s'est passée cette scène, pour rechercher mon registre ; j'aperçois, sous un banc, un tas de loques, un sac, des souliers, je les tire à moi, c'est très lourd, c'est un pauvre moblot qui est mort là, et c'est un de ces soi-disant convalescents qu'on nous envoie de Besançon ! J'appelle le docteur et je fais venir le chirurgien qui a escorté ce convoi ; il est tout étonné de ce qui arrive ; le docteur lui pose quelques questions de médecine et le chirurgien lui avoue qu'il est du Midi, et de son métier, voyageur d'une maison de boutons de nacre ! Et dire qu'il y en a peut-être eu beaucoup de cet acabit.

Je rentre souper à l'hôtel ; à peine installé, le toscin sonne et aussitôt une lueur immense s'étend sur la ville. On dit que le feu est chez un marchand de vin, M. Challey. Salathé et Lœderich s'y précipitent ; c'est là qu'ils logent, mais ils arrivent trop tard, la maison n'est déjà plus qu'un brasier et tous leurs effets sont brûlés. Les pompes arrivent lentement. Les maisons voisines prennent feu à leur tour. La maison des sœurs, ainsi que l'école des frères sont menacées ; nous avons là 150 malades qui poussent des cris effroyables. Aussitôt le sauvetage s'organise, c'est affreux et deux malades sont morts en route, d'émotion sans doute. Nous nous mettons tous à la chaîne avec les soldats français valides et les Prussiens. Les habitants d'Ornans brillent par leur absence ; ils ne quittent pas leurs maisons, de peur d'être dévalisés. On est forcé de les prendre au collet pour les mettre à la chaîne. Les Prussiens eux-mêmes sont surpris de tant d'égoïsme. Quelle honte !

Six maisons brûlent en ce moment. Tout le monde crie

et commande à la fois. Nous cherchons tous les hommes valides au séminaire. Enfin, un major prussien se met à la tête du commandement et on parvient à circonscrire le feu à 2 heures du matin.

Le séminaire est rempli des malades qu'on a évacués des immeubles menacés. Nous revenons à l'hôtel pour prendre quelque boisson chaude. Je suis moulu.

Ornans, 7 Février 1871. — On nous dit ce matin que l'incendie d'hier a été causé par trois uhlans, qui étaient ivres et avaient allumé leur pipe dans une grange. Aujourd'hui, je suis préposé aux rencontres de la pharmacie et des habillements. On ne s'y reconnaissait plus. Je réorganise toute cette comptabilité, et je fais la connaissance du pharmacien, M. Mathey, adjoint au maire. C'est un très gentil garçon, il a une charmante femme, et il se trouve que nous avons des amis communs. Je soupe chez lui, ce soir, avec Spœrry.

Ornans, 8 Février 1871. — Nous recevons de temps en temps un journal de Paris, datant de plusieurs jours ; nous voyons aujourd'hui que les élections pour la Constituante sont fixées. D'après les renseignements que nous prenons à la mairie, nous avons le droit de voter à Ornans, et nous nous en occupons de suite. Spœrry est parti ce matin à cheval pour Morteau, à la recherche de nouvelles et pour télégraphier à Mulhouse. Il monte le cheval du capitaine de turcos qui le suit monté sur notre arabe, en se faisant passer pour son domestique. Encore un de sauvé !
Nous organisons entre nous une réunion électorale dans

notre salle de pharmacie et arrêtons la liste suivante :
Thiers, Ordinaire, Grévy, Gaudey, Oudet, Fernier et
Cuvier, tous républicains.

Butzbach est toujours malade ; on craint que la variole
ne lui laisse des marques. Nous allons tous les jours, à
tour de rôle, lui tenir compagnie.

Cette après-midi, un uhlan est venu se faire appliquer
des ventouses par le docteur.

Nous allons voter à la mairie et le soir le scrutin est
dépouillé. La liste conservatrice sort avec une grande majo-
rité, au grand contentement de tous les Ornanais qui ac-
cusent les républicains d'avoir amené la guerre ! L'abbé
Suchet exulte et nous vante les mérites des nouveaux
députés : Vaulchier, de Mérode, Monnot & Cⁱᵉ. Quelles
recrues pour la Constituante !

Ornans, 9 Février 1871. — Aujourd'hui, nous procédons à une grande évacuation de 200 convalescents. C'est
une joie de voir le bonheur de tous ces pauvres diables, la
canne à la main, sentant déjà l'air de leur pays ! Ils sont
rangés en ligne dans la cour, leurs billets d'évacuation à la
main. On distribue à chacun d'eux des souliers, de l'argent,
des foulards, des chemises et quelques vivres. Parmi eux
sont trois énormes turcos, montrant leurs dents blanches
dans un rire qui fend leur figure jusqu'aux oreilles, ils nous
embrassent les mains, en poussant des petits cris gutturaux
et inarticulés. L'après-midi, nouvelle évacuation de 40 ;
mêmes distributions et mêmes démonstrations de reconnaissance. Il y a parmi eux un nommé Valiton, de Bondeval,
artilleur, dont les pieds gelés sont à peu près guéris, mais

il restera estropié toute sa vie durant et il n'a que 24 ans !
Je lui causais souvent et il connaissait bien mon oncle,
M. Louis Juillard, le pasteur de Valentigney.

Ornans, 10 Février 1871. — Aujourd'hui, nous
en sommes au vingt-neuvième décès ; ce n'est pas énorme
sur 600 malades, surtout lorsqu'on pense qu'à Besançon,
sur 7000 il y en a 5 à 600 par semaine !

A 11 heures, nouvelle évacuation : je fais ranger les
43 derniers convalescents en bataille, dans la cour, et là,
nouvelle distribution. Par le flanc gauche, en avant, marche !
Les voilà partis, en criant : « Vive la France ! »

Il ne nous en reste plus maintenant que 200 au séminaire, 60 à l'école des frères et 50 chez les sœurs. Si seulement il n'y en avait plus et que nous puissions partir nous-
mêmes.

Spœrry ne devait rester qu'un jour et il ne revient pas.

Les malades que nous gardons sont tous assez gravement
atteints, surtout les pieds gelés dont nous avons gardé les
plus mauvais. Ils sont horribles ; des chairs pourrissantes,
gangrenées et répandant une odeur épouvantable. Ils sont
parqués dans une chambre spéciale, autour d'un grand
poêle de fonte qu'ils chauffent quelquefois à blanc, au risque
d'incendier tout l'immeuble. Il faut une patience d'ange
pour leur faire entendre raison. Ce sont surtout les turcos
qui ont les pieds gelés, et quels pieds, grands dieux ! Ils
n'en finissent plus ! Il y a beaucoup d'affections rhumatis-
males, des pneumonies et surtout de l'épuisement. Il y a,
dans ma salle, un chasseur souffrant d'une sciatique
effroyable. Le docteur lui dit : « A 1 heure, venez dans la

salle N° 2. » C'est la salle de pharmacie. Nous chauffons des fers à blanc, et le pauvre chasseur arrive; on le déshabille. Tenez-vous après le bois de lit, ferme! Le docteur lui applique cautères sur cautères le long de la jambe; le pauvre diable hurle et tremble de tous ses membres. Le docteur lui dit que l'opération est impossible dans ces conditions. Nous crions au chasseur: « Courage, sergent! » Il se remet en posture, mais peu après tombe évanoui, d'émotion plus que de souffrance. Nous le ramenons dans sa salle; il va beaucoup mieux et se déclare maintenant prêt à recommencer, s'il le faut.

Ornans, 11 Février 1871. — Le docteur nous dit aujourd'hui : « Ce n'est pas tout cela, mes amis! Nos malades sont classés, numérotés, soignés; nous allons faire un peu de chirurgie. Je serais curieux moi-même de voir comment un tel a pu mourir, si c'est de l'épuisement ou si c'est d'une maladie organique dont il portait le germe. Nous avons le temps maintenant, nous allons organiser une salle de dissection.

Il y a, dans la cour, un petit bâtiment qui sert de salle de réunion à la Société philharmonique du séminaire et nous y installons une grande table. Rien de plus tristement original que ce contraste : aux murs sont accrochés des ophicléides, des trombones, cornets à piston, une grosse caisse, dans les coins sont des contre-basses, des violoncelles, etc., et au milieu, sur la table, un cadavre prêt à être disséqué!

Nous commençons par un pauvre artilleur, ramené de Vuillafans. Son carnet porte 21 ans et il en paraît 70! On commence l'autopsie et nous sommes tous autour du docteur qui sort l'un après l'autre, les poumons, le foie, le cœur et nous montre les différentes phases de la phtisie, les cavernes, etc. Il nous engage à fumer force cigarettes dont la fumée mélangée avec l'odeur du chlore forme un tout absolument nauséabond. Je ne puis y tenir plus longtemps et je vais prendre l'air pendant une petite demi-heure. Au moment où je rentre, le docteur en est à sa deuxième autopsie. Il y en a eu 5 ce jour-là. Les abbés crient au sacrilège, car deux de ces malades n'ont pas reçu l'absolution!

Ornans, 12 Février 1871. — Je suis de garde aujourd'hui, et pour toute la nuit dans la salle N° 2. Un pauvre soldat d'infanterie de marine agonise; il divague et on ne distingue presque plus ses paroles; je lui couvre les jambes de papier Rigolot et lui ingurgite du Bourgogne pur dans les lèvres. Il se ranime de temps en temps et fait des signes d'intelligence, mais il n'en a plus pour longtemps. Un abbé, averti par une des sœurs, arrive et veut absolument lui donner l'absolution, mais je m'y oppose en lui disant qu'il peut en revenir, ou tout au moins nous parler encore; il essaye, en effet, de me parler, ses yeux remplis de larmes ont l'air de me supplier. Il est mort dans mes bras, en criant : « Maman! » Il avait 23 ans et s'appelait Bouillon; j'ai eu au moins la consolation d'envoyer à sa mère le dernier adieu de son enfant. Il avait une pleuro-pneumonie; toute la journée j'ai été triste comme si j'avais perdu un de mes meilleurs amis.

Ornans, 13 Février 1871. — J'ai passé une nuit atroce au séminaire, où j'étais seul de garde, à la tête de tous ces malades, n'ayant pour me seconder que notre caporal Vizentini, que j'avais déjà surpris volant une montre en argent et un écritoire appartenant à un pauvre moblot mort la veille. Je l'avais signalé au docteur, mais nous n'avons pas intenté de poursuites. Nous avons besoin de cet homme qui soigne les salles avec intelligence et a un esprit très pratique. Il nous est donc précieux. Comme j'ai encore passablement d'argent dans ma ceinture de cuir, je me suis enfermé dans ma chambre. A 1 heure du matin, on frappe. C'est Vizentini; je lui ouvre et il me dit que le N° 15 de la salle I est très mal. On lui a posé des sangsues et l'écoulement du sang ne cesse pas. Je vais le soigner et je reviens m'étendre sur mon lit de camp. A 4 heures, nouvelle alerte! Un artilleur vient de mourir subitement, suffoqué. Cette nuit a été désastreuse et je suis désespéré ce matin en déposant mon bilan devant le docteur qui, paraît-il, s'y attendait : il aurait dû me le dire, car j'avais une peur effroyable, qu'il n'y eut de ma faute.

Ornans, 14 Février 1871. — Butzbach ne va pas bien. La fièvre augmente et sa variole s'accentue. Il sent que nous allons bientôt partir et il s'impatiente. Le docteur est appelé en consultation dans plusieurs maisons de la ville. La scarlatine règne fortement, ainsi que la typhoïde. On apprécie beaucoup le docteur et on voit que ce n'est pas un médecin ordinaire.

Spœrry est revenu. Il nous a apporté des lettres et des journaux et le sauvetage de notre capitaine des turcos s'est bien passé à la frontière.

Nous allons visiter la fabrique de liqueurs Cusenier père

& fils qui est vraiment curieuse, et cette après-midi nous montons sur le rocher d'Ornans, d'où la vue sur la vallée et la Suisse est admirable. Nous rentrons à 4 heures, juste à temps pour faire encore une autopsie. Cette fois, c'est un moblot mort d'épuisement. Aucun organe n'est attaqué, tout est sain, et il n'y a que la fatigue et les privations qui aient pu l'amener à cet état. Pauvre enfant!

Le soir, je travaille très tard dans la soirée; je suis chargé de faire une copie de notre livre d'entrées et de sorties pour l'intendance. C'est très long.

Ornans, 15 Février 1871. — Aujourd'hui, temps splendide. Nous en profitons pour donner un peu d'air à nos pauvres malades. Comme le soleil est assez chaud, nous permettons à une 60e de malades de sortir dans la cour et dans le grand jardin du séminaire. Quelle joie pour tous ces braves; ils en ont bien besoin, du reste. Nous recevons la visite du maire et de trois conseillers municipaux. Ils visitent tout et se retirent très satisfaits de l'organisation de notre ambulance.

Trapp est devenu très adroit dans les pansements et nous est d'un grand secours. Il y a, dans la salle N° 6 un petit chasseur dont il panse la main et la jambe deux fois par jour et il s'y prend très bien. Les pieds gelés les plus horribles ne le rebutent pas; c'est une vraie vocation qui se révèle chez lui.

L'abbé Suchet a été malade, il s'était trop surmené; il va bien maintenant et nous a invités tous à dîner pour demain avec ses abbés.

Nous allons, cet après-midi, Wolff, Salathé et moi, voir nos convalescents de Montjesoie et de Vuillafans. Ils sont en bonne voie. Le curé de Montjesoie nous offre une petite collation avec un petit vin clairet délicieux. En rentrant, nous sommes pris pour des Prussiens, et, un peu plus, on nous faisait un mauvais parti.

Ornans, 16 Février 1871. — Je suis allé, ce matin, chez M. Rousselet, un jeune garde général qui me prête ses tire-lignes et ses compas, et je me mets à faire des feuilles d'entrées et de sorties sur les modèles de celles de l'Intendance. Celles que j'ai faites à grand'peine ne peuvent servir ; je les donnerai à l'abbé Suchet. O paperasserie ! M. Rousselet est charmant et il vient maintenant prendre pension avec nous à l'Hôtel du Nord.

Une partie du corps d'occupation prussien est partie, probablement pour battre la campagne. On parle d'un tas de villages qu'ils frappent de réquisitions sans nombre.

Aujourd'hui, dîner chez l'abbé Suchet. La table est dressée au Réfectoire. Nous sommes vingt-deux à table. Menu succulent, rien n'y manque, pas même la pièce montée de la fin.

On parle beaucoup de politique, d'élections, de religions protestante et catholique, de Mulhouse, etc. Somme toute, dîner très gai. Dans une allocution pleine d'humour qu'il nous adresse, l'abbé Suchet nous remercie chaleureusement des soins dont nous avons entouré les malades du séminaire. « Vous êtes protestants, Messieurs, nous dit-il, mais devant l'infortune, les questions de dogme s'effacent ; vous pratiquez la charité chrétienne, cela suffit pour que nous vous considérions comme des frères et que nous appellions la bénédiction divine sur vous et vos familles. Souvenez-vous, lorsque vous serez rentrés dans vos foyers, que vous laissez à Ornans de vrais amis et des cœurs reconnaissants ! »

L'abbé Suchet, du reste, dans toutes les relations que nous avons eues avec lui, a toujours fait preuve d'un remarquable esprit de tolérance religieuse.

L'après-midi, je vais voir la salle 2, où agonise un pauvre artilleur qui m'intéressait beaucoup !

Nous avons trouvé Butzbach beaucoup mieux et l'avons embarqué dans une bonne voiture. Demain il sera rendu chez lui.

Ornans, 17 Février 1871. — Aujourd'hui, nous causons sérieusement de notre prochain départ. Le docteur Muselier fils est arrivé à Ornans, hier soir, ainsi qu'un autre médecin. Le service au séminaire est très facile maintenant ; les malades sont classés et nous pouvons nous en aller. Notre tâche est finie.

M. Muselier fils vient voir nos salles avec le Dr Boulot et un autre médecin et nous félicite des résultats auxquels nous sommes arrivés, avec le peu d'éléments dont nous disposons.

Nous faisons nos préparatifs de départ et décidons que nous passerons par Pontarlier, les Verrières et la Suisse.

Ornans, 18 Février 1871. — Nous sommes à la veille de notre départ et nous invitons à un grand dîner, à l'Hôtel du Nord, le maire et les membres du Conseil municipal, le commandant Cusenier, les docteurs de la ville, l'abbé Suchet et ses abbés. Au dernier moment, l'abbé Suchet qui a dû demander une autorisation à l'archevêque de Besançon, nous fait dire qu'il ne pourra se rendre à notre aimable invitation. Cependant (car, avec le ciel il est des accommodements) il est arrivé au dernier service avec deux de ses abbés. Ce dîner a été plein de cordialité. M. Mathey, adjoint au maire, nous gratifie d'un petit speech très-bien tourné, le docteur Ehrmann lui répond, et les toasts se succèdent, Cusenier, l'abbé Suchet, etc. M. Cusenier nous remet, comme souvenir, une petite caisse de liqueurs assorties, de sa fabrication.

Nous leur faisons part de notre intention de partir définitivement demain, à 6 heures du matin, et ils nous promettent tous d'être sur pieds demain matin et de nous faire un bout de conduite.

Ce soir, nous réunissons tout notre personnel, en présence des docteurs Boulet et Muselier, et nous distribuons nos gratifications ; ensuite nous transmettons tous nos services aux docteurs de la ville. J'emporterai le double de mes registres.

Le chiffre des entrées s'est élevé à 1104 malades et blessés, avec un total de 9616 journées de traitement.

908 malades et convalescents ont été évacués par nous, et 145 malades restent en traitement. Disposés avec ordre et classés par salle et par lits numérotés, nous pouvons en toute sécurité les abandonner aux soins des médecins d'Ornans ; cependant, il y en a beaucoup parmi qui sont très malades, et certains n'en reviendront pas. Du 28 jan-

vier au 18 février au soir, nous avons perdu 52 de nos
malades [1].

La liste générale de ces 1104 malades annexée au rapport
que nous avons dû adresser à l'administration militaire est
complétée par un tableau récapitulatif, fournissant, par catégories d'affections, le détail des maladies traitées et celui
des décès, avec un résumé des considérations cliniques s'y
rattachant. Les affections chirurgicales y figurent pour un
nombre assez restreint.

Ornans, 19 Février 1871. — Voilà donc le jour de
notre départ arrivé. Nous nous levons à 5 heures et à 6
heures nous sommes prêts. Nous emportons chacun notre
chassepot et des munitions comme souvenirs de la campagne. J'avais emporté de Villersexel plusieurs objets, entre
autres l'enveloppe en plomb d'un obus qui avait passé à un
doigt de l'oreille d'Alfred Engel, en allant s'enfoncer dans
l'écorce d'un arbre ; je l'avais déposé dans notre fourgon avec
un casque de Prussien, une petite carabine-chassepot, etc.
Je ne retrouve plus rien, on a dû me voler tout cela !

Nous sortons du séminaire avec notre grand fourgon, un
fourgon que nous avions trouvé à Ornans et qui servait à
nos expéditions dans les environs, l'omnibus et une voiture
à brancards.

La rue est remplie d'une foule de plus de 300 personnes

---

[1] 24 des malades que nous avons laissés ont succombé encore après
notre départ, ce qui constitue un total de 76 décès. Dans ce chiffre figurent
39 morts de typhus ou de fièvre typhoïde, 20 de pneumonie, les 17 autres
se rapportaient à des affections diverses, dysenterie, tuberculisation,
péricardite, etc.

qui nous acclament; à la sortie de la ville, plus de 200 personnes nous attendent, malgré l'heure matinale. Dans cette foule nous remarquons le maire et tout le Conseil municipal, les docteurs, Cusenier, l'abbé Suchet et ses abbés, les sœurs, le curé et une masse d'habitants d'Ornans. Nous serrons la main à tous.

Le maire prononce un discours et glisse un rouleau de papier dans les mains du docteur.

Nous déployons nos drapeaux d'ambulance auxquels nous avons joint un drapeau tricolore. Nos voitures s'ébranlent et nous partons, suivis pendant longtemps encore des cris de: « Vive la France! Vive l'ambulance de Mulhouse! » C'est très émotionnant et nous avons peine à retenir nos larmes. Nous sommes loin déjà et nous voyons encore cette foule nous suivant des yeux et agitant des mouchoirs.

Voici ce que contient le rouleau de papier remis par le maire au docteur Ehrmann :

Ville d'Ornans, Février 1871.

A Messieurs les médecins et infirmiers de l'Ambulance internationale de Mulhouse !

Messieurs,

En prenant, le 28 Janvier, la direction de l'ambulance établie dans les bâtiments du séminaire d'Ornans, vous avez rendu à notre ville un service qu'elle n'oubliera pas, et dont nous venons vous remercier, au nom de tous nos concitoyens.

Dans sa retraite vers les montagnes du Doubs, l'armée de l'Est laissait au milieu de nous des multitudes de soldats malades. Dès le 25 Janvier, notre ambulance en comptait près de 500, et chaque jour en amenait de nouveaux. Nous n'avions, pour les secourir, qu'un seul médecin et quelques infirmiers; leur zèle eût été impuissant en face de tant de misères.

Heureusement, la Providence vous a amenés dans notre ville. Vous avez accepté la lourde tâche de soigner nos malades, et cette mission, vous l'avez remplie, pendant trois semaines entières, avec un dévouement et une intelligence qu'ont admirés tous ceux qui ont été les témoins de votre service.

Votre première récompense est dans le sentiment du devoir noblement accompli. Mais nous tenons aussi à vous remercier, au nom d'une ville qui s'est vue préservée, par votre prudente activité, des malheurs que pouvait y amener l'encombrement des malades. Tandis que d'autres villes, moins heureuses, ont vu leurs ambulances perdre généralement jusqu'à 10 %o de leurs malades, la nôtre, grâce à vos soins, n'en a perdu que 5 %o, puisque sur environ 1200 malades soignés par vous, il n'en est, jusqu'ici, mort que 53, et que tout fait espérer que ceux qui restent reviendront pour la plupart à la santé.

Recevez donc, Messieurs, nos sincères remerciments, et agréez, etc.

Signé : le maire : Henriot ; les adjoints : Boulet et Mathey,
et 15 membres du Conseil municipal d'Ornans.

Pontarlier, 20 Février 1871. — Après des ennuis de toutes sortes, des chemins presque impraticables, sans compter la crainte continuelle de perdre nos chevaux, car la route est longue, glissante et accidentée, nous arrivons l'après-midi, en vue des forts de Joux qui sont encore occupés par les troupes françaises. Les routes et les champs sont remplis de caissons brisés, des débris de toutes sortes, des sacs de soldats, même des armes, et principalement des chevaux morts. La retraite de cette pauvre armée de Bourbaki a dû être bien pénible à en juger par toutes les tristesses que nous voyons étalées devant nous. Enfin, le soir nous arrivons à Pontarlier, où nous passons la nuit. Je souffre toute la nuit de rages de dents atroces. Munsch, pour s'entretenir la main, veut absolument me plomber, séance tenante, deux ou trois dents, mais je m'y oppose formellement.

10

Pontarlier est occupé par les troupes prussiennes. Il y règne une animation extraordinaire. Ils sont vraiment en pays conquis, ces Allemands; les officiers traînent leurs sabres sur les trottoirs et les soldats ont un air gai et reposé qui contraste étrangement avec l'air minable et accablé de nos pauvres soldats.

Forts de Joux février 1871   H.J.

Les Verrières-Suisses. — Nous avons quitté Pontarlier ce matin de bonne heure et dans l'après-midi nous arrivons en vue des Verrières-Suisses. Le pays est couvert d'une neige épaisse et on voit, à perte de vue, des campements de troupes suisses et françaises. La voie du chemin de fer est encombrée de wagons portant de l'artillerie, des caissons, des fourgons de toutes sortes. Nous arrivons à la borne frontière et, au moment où nous nous sentons heureux de toucher enfin au but, nous nous voyons sur le point d'être obligés de rebrousser chemin. Une épizootie à la frontière a fait édicter par le Conseil fédéral la prohibition d'entrée des chevaux sur le territoire helvétique. La garde, baïonnettes croisées, entend faire respecter la consigne et nous défend absolument de passer. Ce n'est qu'après trois heures de négociations et après que le lieutenant-colonel Lambalot, commandant du détachement, en eut référé à Berne, que nous reçûmes la dépêche nous donnant l'autorisation de franchir la borne, mais à la condition expresse de transiter, dans la même journée, le groupe principal sur Saint-Louis par Bâle et le docteur Ehrmann et Wolff sur Bellegarde, pour ramener les chevaux que nous avions loués à Lyon.

Pendant tous ces pourparlers, nous faisons la connaissance de plusieurs officiers suisses; ce sont des Tessinois qui sont de garde, tous charmants, très accueillants. Ils nous racontent toutes les péripéties de cette terrible retraite en Suisse, l'état lamentable de l'armée de l'Est, avec tous ces jeunes gens, hâves, affamés, déguenillés, les chevaux mourant à la tâche, mordant pour se nourrir les écorces de tous les arbres [1]. Nous voyons de chaque côté de la route des milliers de fusils entassés les uns sur les autres, les fourniments des soldats rangés en piles. Nous assistons à la fin de cette réception vraiment fraternelle du peuple suisse; les officiers reçoivent les officiers, prennent les noms des régiments, bataillons, compagnies; les soldats désarment amicalement les soldats, puis les uns et les

---

[1] C'est à partir de cette époque et de nos jours encore que dans toute la région limitrophe de la Franche-Comté, lorsqu'on veut désigner un vieux cheval, fourbu, on l'appelle un « Bourbaki ».

autres sont dirigés vers l'intérieur, soit à pied, soit en chemin de fer, sous l'escorte bienveillante des miliciens helvétiques.

Nos pauvres soldats sont reçus comme des compatriotes, et les braves Suisses s'acquittent de cette mission jusqu'à se compromettre vis-à-vis de la jalouse Allemagne; mais quelle joie aussi de voir tous ces pauvres diables, choyés, réconfortés, et quelle reconnaissance ne doit-on pas à cette généreuse nation suisse!

Un arrêt prolongé en Suisse nous est donc interdit, mais nous passons la nuit aux Verrières et le lendemain nous nous séparons; le docteur Ehrmann et Wolff doivent ramener à Lyon les chevaux que nous y avons loués, et nous nous dirigeons sur Bâle. Nous en sommes réduits à notre plus simple expression; nous ne sommes plus que six sur douze : Læderich, Munsch, Salathé, Spœrry, Trapp et moi.

Bienne. — J'ai télégraphié ce matin à Paul Ducommun à Travers pour lui donner rendez-vous à Neuchâtel. J'ai passé une excellente journée avec cet ami et J. Verrey, qui s'était joint à lui.

Je retourne le soir à Bienne où je retrouve l'ambulance. Je loge à l'hôtel du Jura.

Mulhouse, 23 Février 1871. — Nous sommes partis ce matin à 5 heures et sommes arrivés à Bâle à 9 heures. Læderich qui, depuis hier, ne se sent pas bien et a tous les symptômes d'une variole, a continué sa route directement pour Mulhouse, pendant que nous nous occupons du déchargement de nos fourgons et de trouver des chevaux pour les conduire à Mulhouse. La colonie alsacienne était prévenue de notre retour, et nous trouvons à la gare Mmes Emile Dollfus et Eugène Kœchlin, MM. James Gros, Engel-Dollfus, Bourcart, Amédée Schlumberger, etc. Nous retrouvons également Geisen et Mansbendel qui nous attendent à la gare et rentreront avec nous à Mulhouse.

Nous déjeunons à l'hôtel Schweizerhof, et à 2 heures nous repartons avec nos fourgons et omnibus, tous nos drapeaux déployés. A Saint-Louis, le poste prussien nous présente les armes. Spœrry nous accompagne à cheval. Nous arrivons à Mulhouse, à 5 heures, par le faubourg de Bâle, suivis d'une foule de personnes criant: « Vive la France! » Nous sommes sept : Salathé, Munsch, Geisen, Mansbendel, Trapp, Spœrry et moi. Il me tarde d'arriver, car je suis passablement éclopé et perclus de rhumatismes.

Enfin, à côté de la joie que nous avons à retrouver tous les nôtres sains et saufs, nous éprouvons la satisfaction d'avoir pu, chacun dans la mesure de nos moyens, rendre quelques services dans la mission qu'on nous avait confiée, et j'ajoute que si nous avons pu nous acquitter de notre devoir avec autant d'entrain et de persévérance c'est, certes, grâce à notre cher docteur Ehrmann qui, en toutes circonstances, a su toujours tout concilier et nous diriger avec un tact, une fermeté et une affection vraiment paternelle.

Mars 1871.

H. JUILLARD.

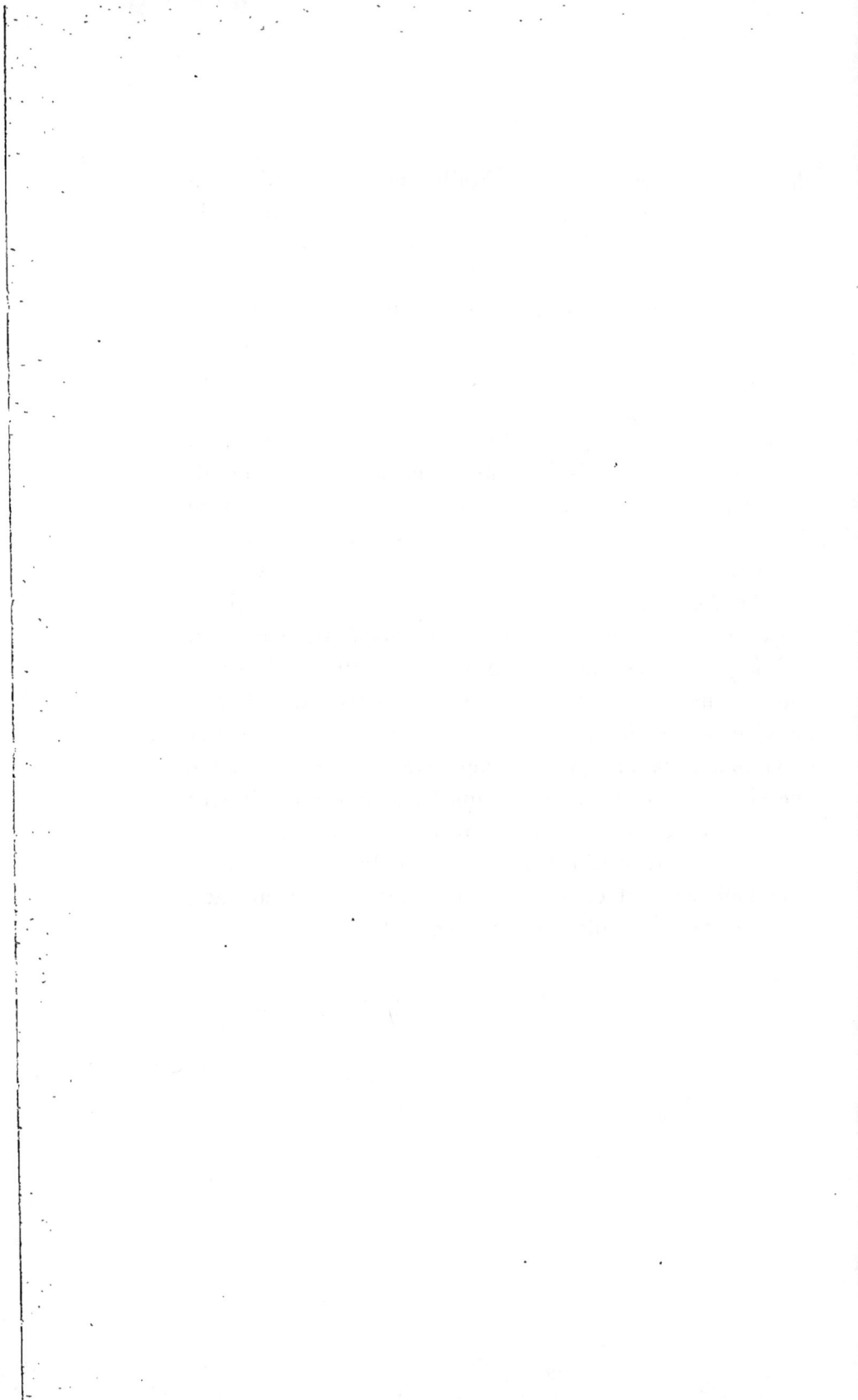

APPENDICE

— ⋅φ⋅ —

RAPPORT DE M. LE Dr EHRMANN

au

Comité auxiliaire de Mulhouse

de la

SOCIÉTÉ FRANÇAISE DE SECOURS AUX BLESSÉS

———

Vers la fin du mois de novembre 1870, le Comité de Mulhouse nous chargea d'organiser, à l'armée de la Loire, une ambulance dont le but plus spécial était de suivre la brigade dont feraient partie les bataillons de mobiles du Haut-Rhin. Les délégués de notre Société de secours qui avaient accepté de participer, avec nous, à cette mission, étaient : MM. Wolff, interne et aide d'anatomie à la Faculté de Strasbourg, Salathé et Lœderich, élèves en médecine, Geisen, Munsch, chirurgien-dentiste, Papin, Mansbendel-Hartmann, Butzbach, Juillard, Spœrry et Trapp.

La perte d'une importante fraction de notre matériel, égarée le 6 décembre près de Vierzon, au moment du désarroi qui avait suivi l'échec de nos troupes à Orléans, retarda quelque peu, en nous forçant à aller nous réorganiser à Lyon, notre adjonction régulière à la division que nous devions être appelés à desservir.

Le 18 décembre pourtant, nous rejoignions le 20e corps à Nevers ; quelques jours plus tard, un ordre du général Clinchant, daté de Chalon-sur-Saône, attachait à la 2e division de ce corps, l'*Ambulance* dite *de Mulhouse*, dont le personnel, hiérarchiquement organisé d'après le type des ambulances lyonnaises, comprenait en outre, quatre servants-conducteurs, avec quatre fourgons et sept chevaux. A partir de ce moment, nous avons suivi cette division, jour par jour, d'étape en étape, au milieu des phases diverses de la campagne opérée dans l'Est par la 1re armée. et nous y avons fait, jusqu'à Pontarlier, concurremment avec l'ambulance militaire dirigée par M. le Dr Dezon, un service exclusif d'ambulance divisionnaire.

Ces conditions, qui réalisaient bien celles qu'avait eues en vue, en nous constituant, notre comité de secours, ont pourtant été, nous devons le dire, une cause d'atténuation, dans les services qu'eu égard à l'importance du matériel dont nous disposions, nous eussions pu être en mesure de rendre. Notre adjonction à une division spéciale, dont nous étions tenus à suivre tous les mouvements, devait, en effet, avoir pour résultat forcé de restreindre assez notablement notre cercle d'activité. Les autres ambulances internationales, qui, sans participer directement, comme nous, aux mouvements des colonnes, s'appliquaient simplement à se tenir à portée de leurs corps respectifs, pour s'y installer, le cas échéant, en hôpitaux temporaires, ces ambulances-là produisaient à coup sûr davantage, et ce, au prix de bien moins de fatigues et de difficultés matérielles. Le mode d'organisation des ambulances volontaires ne s'accommodait pas trop bien, il faut le dire, d'une immixtion directe dans les divisions en marche. De leur non-assimilation résultaient fréquemment, tant pour la locomotion de leur matériel, qu'en ce qui concerne leurs rapports avec les autorités militaires, des inconvénients, qui disparaissaient du moment où elles ne se trouvaient plus aussi directement mêlées aux mouvements des colonnes.

D'autre part, les soins donnés par les ambulances divisionnaires ne sont jamais que des soins transitoires, l'obligation où celles-ci se trouvent de suivre leurs corps respectifs nécessitant toujours l'évacuation immédiate des malades et réduisant dès lors leur intervention à des pansements purement provisoires et aux opérations absolument urgentes. Au point de vue donc de l'intérêt bien conçu des malades, les ressources de matériel dont disposaient les ambulances internationales étaient plus avantageusement utilisées dans les installations fixes, qui seules pouvaient offrir aux patients des soins complets et régulièrement suivis.

Un matériel compliqué est, dans les ambulances divisionnaires, sans emploi efficace. Il nous a semblé même que le matériel actuel de ces ambulances pourrait être simplifié encore, si l'on s'appliquait à augmenter, par contre, et ceci au grand avantage des malades, le personnel médical destiné à fonctionner dans les régiments, sur le lieu même de l'action ; ce personnel serait muni à cet effet d'un appareil chirurgical simple et portatif ; concurremment devraient être multipliés aussi les moyens de transport, afin de pouvoir évacuer, rapidement et de première main, les blessés et les malades sur les ambulances fixes. Ce service de transport, essentiel aux jours de combat, et dont l'insuffisance, durant cette campagne, a été si notoire, trouverait journellement aussi, pendant la marche même des colonnes, son application utile à l'évacuation des soldats malades. C'est ainsi que l'omnibus, malheureusement unique, que nous avions parmi nos fourgons, nous a, en maintes occasions, permis de recueillir et de transférer jusqu'aux localités voisines, des malheureux qui, nous pouvons le dire, eussent été, sans nous, presque fatalement abandonnés sur la neige des grandes routes.

Nous avions, dès les premiers pas, saisi ce que notre situation comportait d'ingrat sous ce rapport ; il nous eût été aisé de la modifier à notre avantage ; si néanmoins nous l'avons acceptée telle jusqu'au bout, cela a été pour remplir scrupuleusement le mandat, encore une fois très explicite, que nous avait confié à notre départ le comité de notre ville. Ce n'est qu'aux derniers jours de la campagne, lors du passage en Suisse de l'armée, que nous nous sommes détachés de la 2ᵉ division du 20ᵉ corps, pour nous constituer, à Ornans, en un hôpital temporaire, où nous avons, durant les vingt-trois jours que nous y avons passés, reçu, traité et évacué plus de 1100 malades.

Notre service comporte donc deux périodes distinctes : durant la première *(a)*, nous a été dévolu un service ambulancier actif ; pendant la seconde *(b)*, nous avons fondé, organisé et à peu près exclusivement desservi les ambulances fixes d'Ornans.

(a) Indépendamment des secours journaliers que nous avons été à même de porter aux malades qui se présentaient, parfois nombreux, à la suite des colonnes, nous avons eu l'occasion d'intervenir dans les trois affaires de Villersexel, de Saulnot et d'Héricourt.

A Villersexel, durant toute la journée du 9 janvier, l'ambulance de Mulhouse occupait la ferme Rullet, où, malencontreusement placée, par ordre supérieur, tout près d'une de nos batteries, elle eut à essuyer pendant trois heures entières, en compagnie de l'ambulance militaire de la division, le feu continu de l'artillerie ennemie, dont les projectiles causèrent tout autour de ce point les plus fâcheux dégâts ; nous y perdîmes un de nos chevaux ; notre fourgon principal, traversé de part en part par un éclat d'obus, eut son avant-train brisé, et sans la gracieuse obligeance du commandant d'artillerie de la division, qui voulut bien, le lendemain, nous prêter le concours de sa forge de campagne, nous nous fussions trouvés dans la nécessité d'abandonner là cette voiture, avec une bonne partie de notre matériel de pansement. Dans l'après-midi et dans la nuit du 9 janvier, furent recueillis à la ferme Rullet quarante et quelques blessés, qui reçurent nos soins concurremment avec ceux des médecins de l'ambulance militaire ; ces blessés furent, le lendemain, évacués sur Cubrial. Le 10 janvier, nous entrions, des premiers, à Villersexel. L'ambulance, improvisée dans la maison commune, contenait à ce moment 90 blessés environ ; nous ne pûmes, à notre grand regret, forcés que nous étions de rejoindre le même soir notre division à Villers-la-Ville, que coopérer passagèrement à leurs premiers pansements, laissant le soin d'un traitement plus complet aux chirurgiens militaires du 18e corps, d'abord, puis aux médecins de l'ambulance internationale du Midi, qui vinrent s'y installer le jour d'après.

Pendant le combat de Saulnot, le 14 janvier, nous nous trouvions, avec la 2e brigade de notre division, sur les hauteurs de Grange-le-Bourg, tandis que l'ambulance militaire était, avec la 1re brigade, à Crevans. Dix-sept blessés, déposés à la mairie de Saulnot, furent recueillis, après notre passage, le 15, par une section de la première ambulance lyonnaise, sous la direction du Dᵣ Crolaz.

A l'attaque d'Héricourt, l'ambulance de Mulhouse s'était installée à Trémoins ; elle a, durant les journées des 15, 16 et 17 janvier, recueilli, pour sa part, quarante blessés et malades, dont l'évacuation régulière fut opérée le 17, sur Clerval, avec les blessés de l'ambulance du grand quartier général ; c'est l'un de nos compagnons, M. Lædericli, qui, à la demande de M. l'intendant général, se chargea de diriger, jusqu'à destination, les trente-neuf voitures qui composaient le convoi.

(b) Notre arrivée à Ornans date du 28 janvier. Les dernières colonnes de l'armée en retraite venaient de traverser la ville. De nombreux malades étaient entassés pêle-mêle dans les locaux dépendant du Séminaire ; ces malades avaient suivi l'armée sur la route de Pontarlier. On nous sollicita instamment de nous arrêter dans cette localité, pour présider à l'organisation, devenue si urgente, d'un service qu'allaient d'ailleurs rendre chaque jour plus important encore, les évacuations opérées de Besançon. Nous acceptâmes la tâche qui nous était proposée, et nous continuâmes à la remplir, au milieu de l'occupation ennemie, jusqu'au 20 février.

Le nombre des malades présents dans les bâtiments du séminaire, le jour de notre installation, était de 363, ainsi qu'il appert du procès-verbal établi, à notre demande, par M. le commandant de place d'Ornans.

Le 19 février, le chiffre des entrées s'était élevé à 1104, avec un total de journées de traitement de 9616 ; 908 malades avaient été évacués par nos soins ; 145 restaient en traitement ; disposés avec ordre, méthodiquement classés par salles et lits numérotés, convalescents d'ailleurs en bonne partie, et ne comportant plus, en tout état de cause, l'intervention d'un personnel aussi nombreux, nous pouvions les abandonner en pleine sécurité aux seuls soins de l'un des médecins d'Ornans, le Dr Boulet, qui a continué à diriger ce service jusqu'au 1er avril, date de sa liquidation définitive.

Du 28 janvier au 19 février, nous avions perdu 52 de nos malades ; 24 de ceux que nous avons laissés, ont succombé encore après notre départ : ce qui constitue un total de 76 décès ; dans ce chiffre figurent 39 morts de typhus ou de fièvre typhoïde, 20 de pneumonie ; les 17 autres se rapportaient à des affections diverses, dysenterie, tuberculisation, péricardite, etc.

La liste générale de ces 1104 malades, annexée au rapport que nous avons eu à adresser à l'administration militaire, s'y complétait par un tableau récapitulatif, fournissant, par catégories d'affections, le détail des maladies traitées et celui des décès, avec un résumé des considérations cliniques s'y rattachant. Nous n'avons pas lieu de reproduire ici cette statistique ; nous ferons remarquer seulement, en passant, que les blessures et autres affections chirurgicales n'y figuraient que pour un chiffre restreint, ce qu'explique surabondamment d'ailleurs la façon même dont s'était recruté le service.

Les locaux que le séminaire d'Ornans avait mis à notre disposition se prêtaient on ne peut mieux, il faut le dire, à l'installation d'une grande ambulance. Des salles vastes et nombreuses , une bonne aération, 150 lits complets, auxquels s'en ajoutaient une quarantaine que nous avions pu constituer nous-mêmes avec le matériel que transportaient nos voitures, des litières de paille toujours fraîche pour les sujets le moins gravement atteints : telles sont les circonstances qui nous paraissent devoir rendre compte du peu d'extension relative des épidémies de typhus et de variole, qui s'étaient dès le début manifestées parmi nos malades, et qui, dans d'autres conditions locales, y eussent à coup sûr produit plus de victimes encore.

Les ressources dont notre comité nous avait largement munis, en pansements, lainages, linge, vêtements, ont trouvé à Ornans — pas n'est presque besoin de le dire — un écoulement rapide ; nous en dirons autant du solde des médicaments dont nous nous étions abondamment pourvus à notre entrée en campagne.

Pour clore ce qui a trait à cette phase de notre expédition, nous avons à mentionner une adresse de la municipalité d'Ornans, que nous croyons devoir reproduire ci-contre, parce qu'elle reflète, relativement au rôle qui en cette occurence était échu à l'ambulance de Mulhouse, l'impression qu'en avaient pu concevoir les témoins les plus directs de ses travaux.

Nous manquerions à notre devoir de rapporteur si nous ne rendions hommage, en terminant, à l'activité et au zèle déployés durant ces trois longs mois, dont cinq semaines de marche presque continue dans les neiges, par les compagnons qui nous avaient fait l'honneur d'agréer notre direction. Si, dans cette crise suprême où se jouaient les destinées de notre bien-aimée patrie, l'ambulance déléguée par le comité de Mulhouse a eu la satisfaction de pouvoir rendre quelques-uns des services qu'avaient droit d'en attendre ceux de qui elle avait reçu sa mission, ce n'est, nous tenons à hautement le proclamer, qu'au concours collectif et isolé de tous et de chacun qu'elle a dû de voir son but atteint et ses efforts appréciés.

Nos compagnons nous permettront toutefois d'accorder, en leur nom, une mention spéciale à celui[1] qui, par la façon dont il a rempli, au milieu de nous, les fonctions toujours délicates et parfois si ardues de comptable et d'administrateur, a, davantage, peut-être que tout autre, contribué au bon succès de notre entreprise.

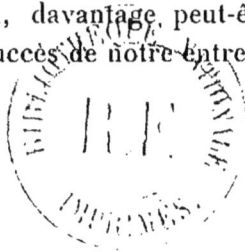

Dr J. EHRMANN.

---

[1] M. Geisen.

COMITÉ AUXILIAIRE DE MULHOUSE

de la

Société française de secours aux blessés des armées de terre et de mer.

———

Les diverses commissions de ce comité étaient composées de la manière suivante :

Comité central :

Président :   MM. Auguste Dollfus.
Vice-président :   Louis Huguenin.
Secrétaires :   E. Delmas, N. Kœchlin fils.
Trésorier :   Lazare Lantz.
Membres :   Battmann, Ch. Doll, Hⁱ Gerbaut,
          Heinrich, Jundt, Dʳ Kœchlin,
          J. Mieg-Kœchlin, Ostier, Tagant,
          M. Weiss, J. Zipélius.

Publicité et secrétariat général :

MM. Heinrich, Jean Lantz, Emile Lantz, Jean Schlum-berger, Salathé.

Finances et économat :

MM. Lazare Lantz, président; Battmann, Gerbaut, Hein-rich, Tagant, Weiss.

Quête et approvisionnement :

MM. L. Huguenin, président; J. Mieg-Kœchlin, Gerbaut, Dr Kœchlin.

Comité des Dames :

Pansements :   Mmes Eug. de Pouvourville, présidente;
Lazare Lantz, vice-présidente;
Kœnig-Chatel, secrétaire.

Vêtements :   Etienne Miquey, présidente;
Ch. Kœchlin, vice-présidente;
Aug. Lalance, secrétaire.

Literie :   de Hausen, présidente;
Ed. Vaucher, vice-présidente;
Scheidecker, secrétaire.

Provisions :   Engel-Dollfus, présidente;
Chalandre, secrétaire.

Aliments :   Dollfus-Dettwiller, présidente;
Camille Kœchlin, vice-présidente;

Soins aux blessés :   Pierre Thierry, présidente;
Huguenin, vice-présidente;
Vve Lalance, secrétaire.

Blanchissage :   M. Bornand.

Comité du service actif des volontaires :

MM. E. Delmas, président ;
Ch. Doll, vice-président ;
N. Kœchlin fils, secrétaire.

Comité de recherche des locaux et ambulances :

MM. Tagant, président.
Jundt.
L. Lantz.
J. Zipélius.

Telle était la composition de ce Comité qui, très rapidement avait trouvé les ressources suivantes, par voie de souscription :

Fr. 116.730.— pour les blessés,
» 48,800.— pour les prisonniers français en Allemagne.

———

Les dons en nature, tels que vêtements, literie, objets de pansement, vins, produits pharmaceutiques, aliments de toutes sortes, se sont montés à un chiffre incalculable de colis.

TABLE DES MATIÈRES

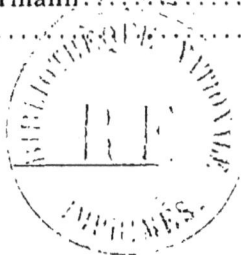

ILLUSTRATIONS

ERRATA

Page 15, 14e ligne, lire : *Abélard*, au lieu de Abeilard.
   » 18, 26e   »   »   : installé à *la* caserne.
   » 27, 16e   »   »   : *1871,*   au lieu de 1870.
   » 31, 7e   »   »   : *chapardeurs,*   »   » chappardeurs.
   » 57, 24e   »   »   : *Saint-Ferjeux,* »   » Saint-Fergeux.
   » 69, 28e   »   »   : *vaguemestre,*   »   » waguemestre.
   » 86, 18e   »   »   : *Weninger,*   »   » Wenniger.
   » 90, 2e   »   »   : pour *comble de* malheur, au lieu de pour
                            combler le malheur.
   » 93, 15e   »   »   }
   » 94, 1e   »   »   } *Weninger,*   au lieu de Wenniger.
   » 94, 28e   »   »   : *Tillerois*   »   » Fillerois.
   » 94, 28e   »   »   : *Saint-Ferjeux,* »   » Saint-Fergeux.
   » 96, 24e   »   »   : *Pontailler,*   »   » Pontarlier.
   » 107, 10e »   »   : hors de *la* ville, »   » hors de ville.

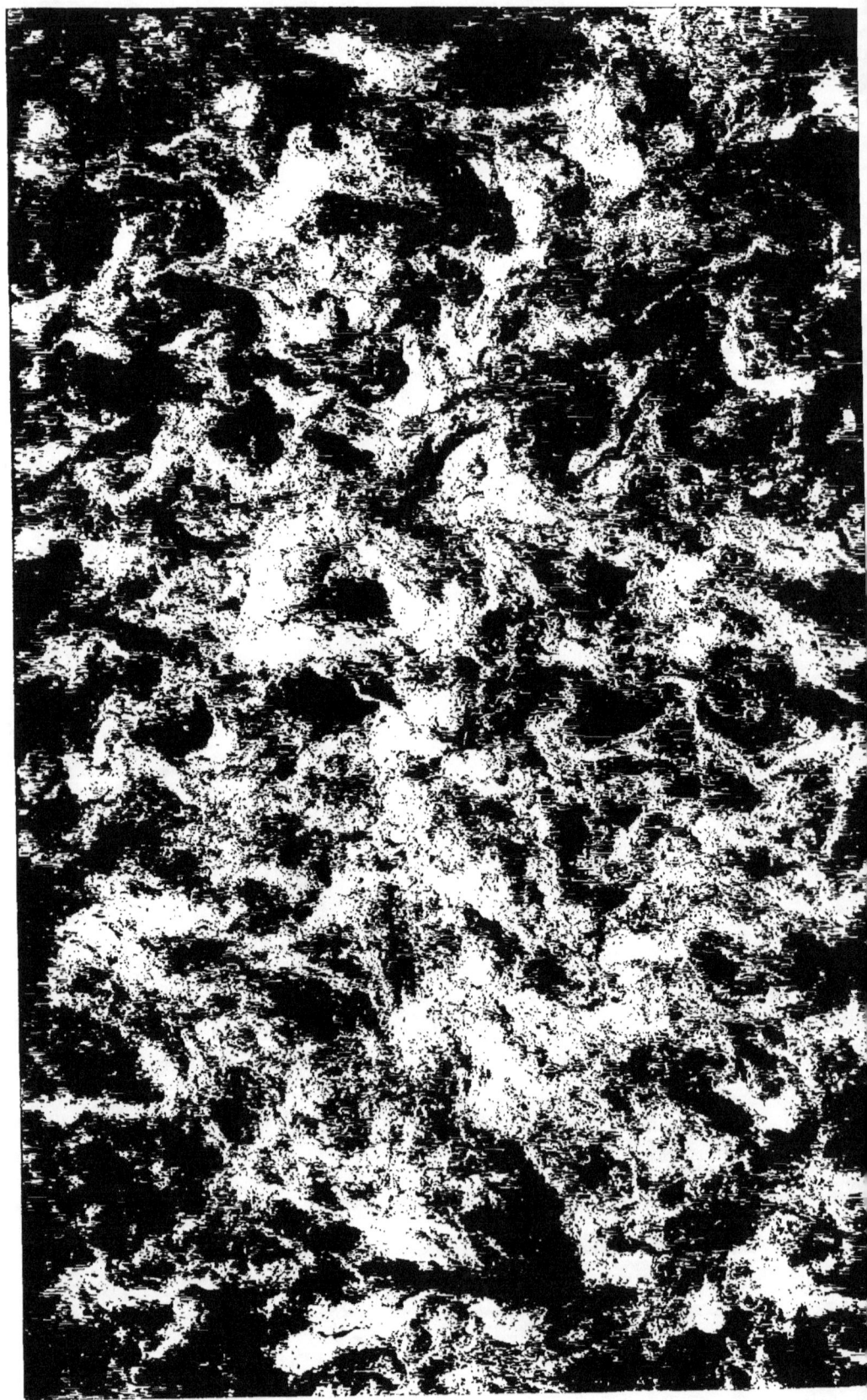